JN279545

9条がつくる
脱アメリカ型国家

財界リーダーの提言

品川正治
Shinagawa Masaji

青灯社

9条がつくる脱アメリカ型国家

——財界リーダーの提言

装幀　三村　淳

目次

Ⅳ　9条がつくる21世紀日本のかたち　147

Ⅴ　日本とアメリカの価値観は違う　171

日本国憲法

第2章　戦争の放棄

第9条〔戦争の放棄、軍備及び交戦権の否認〕

① 日本国民は、正義と秩序を基調とする国際平和を誠実に希求し、国権の発動たる戦争と、武力による威嚇又は武力の行使は、国際紛争を解決する手段としては、永久にこれを放棄する。

② 前項の目的を達するため、陸海空軍その他の戦力は、これを保持しない。国の交戦権は、これを認めない。

序　なぜ9条改定に反対するのか

戦争を許さない努力ができるのも私たち人間

太平洋戦争が終わる一九四五（昭和二〇）年、沖縄では日本軍とアメリカ軍だけでなく、住民すべてをまき込んだ戦闘が三か月以上もつづいた。この「沖縄戦」で亡くなった人は、アメリカ軍一万二五二〇人、沖縄県出身者を含む日本軍約九万四〇〇〇人、沖縄の住民は軍人とほぼ同じ約九万四〇〇〇人といわれている。

沖縄は日本軍とアメリカ軍の直接の戦いが地上で行われた唯一の場所であり、子どもやお年よりを含めた大勢の人たちが犠牲になった島である。

沖縄戦の最後の激戦地となった南部・糸満市の「摩文仁《まぶに》の丘」の近くに、沖縄県平和祈念資料館がある。その資料館の二階に沖縄戦関係の展示室があって、次のような展示の「むすびのことば」が掲げられている。（沖縄県平和祈念資料館提供）

沖縄戦の実相にふれるたびに
戦争というものは
これほど残忍で　これほど汚辱にまみれたものはない
と思うのです

この　なまなましい体験の前では
いかなる人でも
戦争を肯定し美化することは　できないはずです

戦争をおこすのは　たしかに　人間です
しかし　それ以上に
戦争を許さない努力のできるのも
私たち　人間　ではないでしょうか

戦後このかた　私たちは
あらゆる戦争を憎み
平和な島を建設せねば　と思いつづけてきました

これが
あまりにも大きすぎた代償を払って得た
ゆずることのできない
私たちの信条なのです

私の戦争と平和に関する座標軸は、この「結びの言葉」にある「戦争を起こすのは確かに人間だが、戦争を許さない努力ができるのも私たち人間ではないか」の一言に尽きる。

自分で戦場に行って、傷を負ってみろ

太平洋戦争の末期、私は兵士として中国大陸に送られた経験がある。ずっと前線にあって、古都・西安近くの敵国の大軍が守っているアメリカ空軍の飛行場を占拠するという無謀な作戦に参加し、右足には今も被弾した弾片が残っているのである。

凄まじい土煙と火柱。倒れ伏す兵士たち。地獄絵さながらの阿鼻叫喚……。どこから弾が飛んでくるかわからない恐怖……。もう最後だと思うほどの窮地に何度も立たされた。歩兵として擲弾筒《てきだんとう》を背負い、中国の山岳地帯を転戦もした。人けのない農家に入り、雑穀を探して飢えをしのいだ。撃たれたり、疲れ果てた戦友を背負い逃げたときの重みを、今も背中が覚えているのである。

理性も感性も極限に追い込まれる戦争の最前線を体験した人間にとって、「戦争がいい」

などという言葉は一生使うことができない。「戦争はしない」と言うのは、威勢のいい言葉ではない。しかし、あの戦争で極限状態を経験した者には、威勢のいいことを口にすることはできないのである。「一国平和主義は卑怯で、日本人は平和ボケだ」などと高言する人には、「自分で戦場に行って、傷を負ってみろ」と言ってやりたい。

旧軍人であっても、参謀や高級将校と兵士とでは戦争に対する見方がまったく違う。参謀や高級将校は、前線から遠く離れた場所にいて、本当の戦闘どころか、一般市民を苦しめた空襲、食糧不足すら経験していない人が多いのだ。第二次世界大戦の最終盤でもたっぷりと食事をとっていた人々に、戦争の本当の姿はとうてい分からない。本当の戦争を知っている人間は、威勢のいい言葉など口にできないのである。

日本国憲法は国民の、こうした戦争の深い反省を踏まえて守られてきた。そのことの誇りを持たないで、「占領軍の憲法だ」と切り捨てる論議がある。しかし、憲法制定の過程にいろいろあっても、日本国民が憲法を六〇年間も守ってきた、その実績のほうがはるかに重いはずである。

そうした誇り高い意思を「平和ボケ」などと非難することを絶対に認めることはできな

い。私は『西日本新聞』（二〇〇五年三月六日付）のコラムで、日本経団連（財団法人・日本経済団体連合会）の憲法九条改定や武器輸出解禁を求める報告書を厳しく批判し、「戦争はもう二度としない」と意思表示した。

財界人である人間がこんなことを言って大丈夫か、と思われるかもしれない。だが、この意思は昔から一度も変えたことはない。私の座標軸はまったく動いていない。なぜなら戦争体験は私の血肉そのものだからだ。

しかし他方で、戦争の悲惨さ、不条理さを伝えていくことの難しさを、日常的に絶えず感じてもいる。

私は一人息子の夫婦を亡くし、残された孫を自分の子どもとして育てている。大学生になる孫娘に、「そんなにいけない戦争をどうして反対しなかったの」と問われ、「いや、その時代はこうで、ああで」といろいろ説明しても、簡単に自分の戦争体験だけでものを言ったのではダメだという思いが強い。戦争体験者だからという言い方は極力避けたい。あらためて普遍性をもった言葉で戦争の本質を語りたいと考えている。

その一つは、国家がいったん戦争を始めれば国のかたちをまったく変えてしまうことである。教育も、科学も、労働も人殺しのために動員していく――日本はかつて戦争を起こそうとする勢力あるいは戦争を遂行しようとする勢力によって、戦争に反対する人たちは〝社会主義者〟〝自由主義者〟の名を冠せられ、完全に弾圧されてしまったのだ。

さらに歴史学が動員され、「神国日本」という思想をつくり、それが圧倒的に支配することでどんな学問も成り立たなくなった。かくして軍国日本は、中国大陸を中心に二〇〇〇万人もの人民を殺傷し、アジア・太平洋の各地に累々たる兵士の屍を築いたのである。敗戦は国土を荒廃させ、都市は焦土と化した。日本国民は日中戦争と太平洋戦争で約七六〇〇億円（当時の歳出の八倍以上）という天文学的数字の戦費をまかない、建物・港湾・鉄道など約六五〇億円の国富を灰にしたといわれる。

人的な被害はさらに甚大だった。軍人・軍属の戦死および戦病者は約二三〇万人、外地で死亡した民間人約三〇万人、内地の戦災死亡者約五〇万人の合計約三一〇万人。このうち日中戦争による戦死者は約一九万三〇〇〇人というから、いかに太平洋戦争による犠牲者が多かったか。しかも、その大多数はサイパン陥落から敗戦までの約一年の間に亡くなったのである。

9条を変えたら国のあり方が変わる

繰り返すが、戦争は国のかたちをまったく変えてしまう――二〇〇一年九月一一日に起こった同時多発テロ以降のアメリカがそうである。アメリカは一九世紀から二〇世紀を通じて、民主主義がきわめて健全に働いてきた国だ。しかし、九・一一同時多発テロ以降のアメリカは、内外の国益を守るためには単独行動や先制攻撃も辞さないと公言し、アフガンとイラクに対する戦争に踏み切った。

こうしたアメリカの軍事行動に対する、日本の反応は素早かった。自民党の小泉純一郎政権はブッシュ米政権のイラク攻撃を開戦当初から支持し、自衛隊をイラクへ派遣したばかりか、アメリカがイラク攻撃の根拠とした大量破壊兵器の存在やフセイン大統領とアルカイダの関係が否定された後も、「フセインなき世界はより平和になった」とするブッシュ大統領の戦争正当化論に同調していたのだ。

戦争に大義があるか、という問いの大切なことは言うまでもない。しかし、戦争をはじめてしまえば、すべての力は「勝つため」に動員され、「勝つために」との価値観が、すべての価値観の最上位にくることは洋の東西を問わず主権国家の宿命である。

科学も技術も文化も思想も「勝つ」ために動員され、国家主権は寸毫の余地も残さず「勝つ」ことに全力を傾注する。これが戦争であり、それは大国と小国とを問わない。経済も外交も戦時体制、すなわち「勝つ」ことが最上位の目的として行われる。

アメリカの国益とは今やアメリカの勝利をおいてほかにない。すでにグローバリズムの内実も変質してしまった。グローバリズムは資本主義、市場経済の普遍化を求める言葉ではなく、アメリカの戦略用語、石油資本、軍事産業さらにはアメリカの金融資本の世界支配の用語になりつつあるのである。

しかし、いかに軍事力に勝るとしても、自国の兵士を数千人死傷させ、戦闘部隊の不足に苦慮し、軍の再編、補給に難渋している状況を見るとき、戦争の負担がますます重くのしかかりつつあることは当然であろう。

アメリカは、いまや名実ともに戦争国家である。

このことだけは、政官財を問わず日本の将来に責任をもち、指導的立場にある人たちは常に念頭においてもらわねばならない。アメリカのイラク攻撃に対してはＥＵ（欧州連合）はアメリカの大義を問いつづけている。国連は平和実現に向かって懸命に努力しつづけている。

一方で、日本はアメリカに協力する道だけを突き進んでいる。財界も国際協調による解決を呼びかけるどころか、国連の非力を嘲笑し、同盟国アメリカとの協調を最重視すべきだという声を強めている。

いずれアメリカを問う時代がくるのは間違いない。二一世紀は世界の国々がアメリカの対外政策を問う世紀になるだろう。ヨーロッパはギリシャ・ローマの時代からの歴史や伝統を背景に、アメリカを問う力がある。

日本はどうだろう。欧米に「追いつき追い越せ」でやってきた明治以降の近代化の価値観でアメリカを問うには無理がある。かといって平安時代や鎌倉時代まで遡った伝統文化は誇るに足るものだが、世界に発信できるだけの普遍性はまだない。日本がアメリカを問う場合、もっとも力をもつのは憲法「九条」だと思う。

日本は平和主義を国是とし、武器輸出三原則も、非核三原則ももっている。それが二一世紀にどれだけ価値があるか、言いつづけなければならない。その基礎となる平和憲法をいま変えてしまったら、いったいどうなってしまうのだろうか。

九条の問題では、保守も革新もない。九条が変えられたら国のあり方が変わってしまう。日本外交の基軸が崩壊してしまう。国柄をどうするかという問題である。だからこそ九条だけは、しがみついてでも守らなければならないと思う。

強い危機感を覚える

私は理想主義者ではない。大義の戦争もないと断じ戦力を保持せず、国の交戦権を認めない「九条二項」が二〇世紀において国際的に普遍性があるとは考えていない。それは日本国民の「終戦＝二度と戦争をしない」という決意と中国をはじめアジアに対する贖罪から生まれた日本にしかない理念である。ところが、戦後日本の支配階級や支配政党は、その決意を一度もしたことがない。しかし、彼らは国民の九条に対する思いの強さから、改憲は無理と考え、条文を変えないまま解釈改憲を重ねてきた。その結果、九条二項の旗は今やボロボロになっている。

だが、国民は旗竿をまだ放してはいない。

どう戦略的に九条を守っていくのか。この問題こそがいまを生きる、われわれの真の課題だと思っている。現在の憲法の危機的な状況を乗り越え、国民が九条を守りきったならば、日本の二一世紀の姿はきっと変わる。アメリカに追従する外交が大きく変わり、国際社会における日本の位置づけが大きく変わり、日中関係を含めたアジアの情勢も変わらざるをえなくなる。

日本はこの六〇年間、憲法九条のもと、主権の発動として他国の人間の命を奪ったことは一度もない。これは世界史のなかでも稀有なことである。軍産複合体が権力の中枢に入ったことは一度もない。それでいて世界第二位の経済大国を実現した。日米安全保障条約(日米安保)は、日本の安全保障の要であることは間違いない。しかし、それは極東の平和を維持し、ひいてはアジアの平和、世界の平和を維持することを前提にするものであって、戦争のための条約でないことを国民はけっして忘れてはいないと信じている。

日本経団連・経済同友会・日本商工会議所など財界の主流が憲法「改正」を政治に向かって要求していることに関して強い危機感を感じている。

しかし、私の場合には経済同友会の一員として活動をしていた当時の反省と贖罪の気持も強い。というのは、細川内閣が五五年体制を崩す政治改革のとき、二大政党制を容認してきたことである。そのために導入された小選挙区制に関して、よもや改憲を唱える保守二党という形の政権交代になりそうだという流れを読みとることができなかった。

現況は自民党と民主党の二党体制となり、社民党や共産党が議席を大きく伸ばせないところまできた。その一方で、財界が改憲についてイニシアティブを発揮している。そのことに関して、個人的にもきわめて強い反省をしている。

もう一つは、いまが一番憲法改定論議をしてはいけない、難しい時期ではないかとの思いが強い。日本はアメリカが戦争をしているという現実を、甘く見過ぎているのではないか。アメリカが戦時国家でなければ、改憲といった問題はあまり議論されなかったのではないか。戦時国家は全ての力を動員する。もちろん同盟国日本をアメリカの戦争のために動員しようとすることは間違いない。

日本が国のかたち、国の基本姿勢である「国権の発動による武力行使はやらない」という主張を憲法で堂々と掲げているのに、アメリカは戦争に「勝つために」それを外させようとする。日本を戦争に動員することがアメリカの国益だと思っている時期に、わざわざ憲法改正論議をはじめてしまったのだ。

これでは九条を守ろうとすれば、大変なエネルギーが必要となる。私はこれまで政治的な発言はあまりしてこなかったが、ここで発言しなければ手遅れになってしまう。そうした強い危機感から平和憲法は守っていくべきであり、これからも日本の進路を決めるうえで平和憲法を国家の理念として座標軸に据えるべきだと訴えているのである。

同時に経済人の一人として、日本は、平和憲法をもつ国の経済はこうあるべきだという主張を明確にする必要があると思っている。平和憲法にふさわしい経済システムを確立しないと、理念だけで終わってしまうのではないか、そうした危惧もある。

平和憲法にふさわしい経済システムとは、今、グローバリズムとして進められているアングロサクソン型、覇権型の資本主義経済ではなく、国民生活の向上に視点を置き、共生と共存を実現しようとするものでなくてはならない。その内容については後述する。

I　経済界の9条改定の動き

「武器輸出三原則」の緩和を求める経済界

日本経団連（当時、会長・奥田碩トヨタ自動車会長）は二〇〇四（平成一六）年七月、防衛産業の技術開発の進展や輸出機会の増大を確保するために、「武器輸出三原則」の緩和を求める提言を発表した。

日本では「武器」の輸出をする場合、輸出貿易管理令によって経済産業大臣の輸出許可を必要としている。しかし、現実には政府の「武器輸出三原則」によって全面的な武器輸出禁止の政策をとってきた。「三原則」とは一九六七（昭和四二）年、当時の佐藤栄作首相が衆議院予算委員会で表明した答弁である。左記の三項目に該当する場合は「武器」の輸出を認めていない。

1. 共産圏諸国向けの場合。
2. 国連決議により武器などの輸出が禁止されている国向けの場合。
3. 国際紛争の当事国またはその恐れのある国向けの場合。

さらに、一九七二（昭和四七）年の衆議院予算委員会で、当時の三木武夫首相が「武器輸出に関する政府統一見解」を発表し、より厳しい規制を設けた。

1. 三原則対象地域については「武器」の輸出を認めない。
2. 三原則対象地域以外の地域については、憲法および外国為替および外国貿易管理法の精神にのっとり、「武器」の輸出を慎むものとする。

３．武器製造関連設備の輸出については、「武器」に準じて取り扱うものとする。

この佐藤・三木両首相の答弁を総称して「武器輸出三原則」と呼ぶ。いずれにしても日本はこれまで「武器」の輸出を行なってこなかったのである。

しかし、一九八三（昭和五八）年の中曽根康弘内閣になってから、アメリカに対してだけは日米同盟の都合上、「武器輸出三原則」を緩和し、武器技術に限って供与する途を開いた。

そして日本経団連の提言を受けた小泉首相の私的諮問機関「安全保障と防衛力に関する懇談会」は二〇〇四年一〇月、アメリカと共同開発するミサイル防衛（ＭＤ）システムについての輸出解禁を求めるなどの報告書をまとめた。

ＭＤシステムとは、弾道ミサイルの脅威に対して、飛翔中のミサイルを迎撃するための研究開発である。日本独自では短時間に開発できる基盤技術がないため、当面はアメリカが開発してきたシステムを導入し、日米の共同開発を進めていく。防衛庁は二〇〇六年度予算で配備をはじめるＭＤに一五〇〇億円、さらに将来型の海上配備型迎撃ミサイル（Ｓ

M3)の日米共同開発費として三〇億円の概算要求を計上している。

「武器輸出三原則」は政府内の申し合わせ事項のため、ハードルの高い改定手続きを定めた日本国憲法と違い、簡単に解禁することが可能だ。

日本版「軍産複合体」の誕生

いよいよ日本版「軍産複合体」の像が間近に浮かぶ。

武器の輸出を解禁すれば、ビジネスの論理で軍産複合体が復活し、「死の商人」になる。ビジネスの論理から紛争や戦争に巻き込まれたり、あるいは率先して戦争を起こしかねない。日本の場合、武器の輸出を解禁すると石油利権に絡んで石油を守ってくれる勢力に売る、あるいはウランやダイヤモンドの利権で武器を輸出するかもしれない。武器マーケットから見れば台湾海峡両岸の中国と台湾、それからインドとパキスタンが最大の輸出相手国になるだろう。

それはアメリカ流の軍産複合体の論理そのものである。アメリカでは軍に密接に結びついている石油資本や航空機産業のほか、通信産業や自動車産業なども軍需と深いつながりがある。アメリカは軍産複合体経済だから、軍需関連産業の浮沈が経済全体の浮沈につながるのだ。

日本でも国際的な先端技術競争での乗り遅れに対する不安や、軍事技術の民生転用による経済活性化の狙いから、「武器輸出三原則」の解禁を評価する声が強まっている。とりわけ声が大きいのは情報技術（ＩＴ）や重機、輸送など軍産複合体の中心になりうる産業を担っている人たちである。現在の経団連や経済同友会のリーダーは、これら産業のトップが多い。ブッシュ大統領の発言を理解しやすいのもこの人たちだろう。

しかし、こうした主張は誤っていると思う。軍需産業と組むところが技術の先進地帯になると、独立法人となった国立大学も含めてあらゆる研究機関は、軍需産業に接近していく。それは軍産複合体の流れに乗ることであり、平和憲法から遠ざかる道である。

経済人の多くは、当たり前のことだが、軍産複合体の復活を歓迎しない。サービス産業のウエイトの高さや、経済人のもつ経済合理性からいっても、経済のコア（核）に軍事産業が座ることには抵抗するだろう。

戦後の日本は、軍産複合体が経済をリードすることなく世界第二位の経済大国を築いた。これは世界に誇るべき経済モデルである。いっぽうで〝公共事業複合体〟ともいえる仕組みで、産業間や都市と地方の格差を是正してきた。そのために陳情に頼る地方自治の弊害や問題を残し、族議員ばかりで本当の民主主義を育ててこなかったという大きな犠牲を払った。それらは負の遺産といっていいだろう。

しかし、公共事業はあくまで民需であり、他国に迷惑をかけずに中産階級国家となるための財政政策の一つであった。軍需関連企業がリードする軍産複合体とは明らかに性格が違うのである。

日本企業の海外進出と集団的自衛権の発動

日本経団連は「武器輸出三原則」の緩和につづいて、二〇〇五年の一月に「集団的自衛権行使」の明確化などで憲法改定を求める報告書を発表した。

集団的自衛権の行使は、従来からアメリカが日本に強く求めてきたものである。すでに現行の憲法下で自衛隊がイラクなどに海外派遣されたが、派遣先での武力行使はできない。しかし、集団的自衛権の行使を認めれば、アメリカと共に海外での武力行使が可能になる。

日本経団連の「わが国の基本問題を考える」と題された報告書は、「集団的自衛権が行使できないということは、わが国として同盟国への支援活動が否定されている」としたうえで、「軍備及び交戦権の否認」をうたった憲法九条二項は「明らかに現状から乖離している。憲法上、まず、自衛権を行使する組織として自衛隊の保持を明確に」すると強調し、経済大国にふさわしい国際貢献を果たすために自衛隊の海外派遣をより積極的に位置づけている。

さらに、報告書は憲法改定を行ないやすくするために、発議要件を定めた九二条（国会の各議院の三分の二以上の賛成）の緩和や国民投票法の早期成立なども求めている。

国際貢献というと、日本はどうして自衛隊の派遣しか出てこないのだろうか。一九九一（平成三）年の湾岸戦争でクウェートの感謝状に日本の名前が挙がらなかったとか、アメリカが自衛隊を派遣しなかったことを批判したことなどが、政治家や財界人のトラウマ（心的外傷）になっているのだろう。

しかし、イラクやアフリカなどに自衛隊を派遣することはできても、かつて日本軍が侵略したアジアに出せるのだろうか。中国や韓国、北朝鮮はとても無理だろうし、おそらくフィリピンにも派遣できないであろう。派遣すれば、それらの国との関係悪化は決定的なものになるであろう。肝心のアジアに自衛隊を派遣できないとなると、「国際貢献のための軍隊」という論理は崩れ去ってしまうのである。

日本の国際貢献は戦争をしない国、武器を輸出しない国としての立場を最大限に生かしていくことだと思う。それこそが日本外交の最大のカードである。日本人はイスラム教徒にもユダヤ人にもアフリカ人にも嫌われていない。貧困の問題や欧米諸国とイスラム世界との「文明の衝突」の問題などは、まさに日本外交が担える国際貢献の課題である。

海外で経済活動する日本企業を守るためには、憲法を改定して集団的自衛権の行使を認めることが不可欠だとする議論がある。しかし、主権国家として海外での経済活動を軍事力によって守るにはあまりにも日本企業の活動範囲は広い。それこそアメリカ並みの軍隊をもたなければ、グローバルに活動する日本企業を守ることはできない。日本はアメリカだけを見ているから、そうした感覚があるのだろう。自国の企業がグローバルに展開するイギリスもフランスも、アメリカのような軍備をもつことはできない。

中国に生産拠点を移した経済人のなかには経済交渉を行なう場合、強大な軍備をもっていれば有利に働く、あるいはアメリカと経済的に対等に競うためには、憲法を改定して集団的自衛権を認め、アメリカに保護してもらう立場から脱却することが不可欠だとの議論も根強い。この種の議論こそ覇権型資本主義の行きつく所である。

21世紀の課題を無視する経済界

しかし、そうした発想は二一世紀の課題をまったく無視したもので、国際社会から嫌われる国を目指すことになる。二一世紀は世界から貧困をなくしたり、経済が国民生活に従属する時代がやってくるのだと思う。イラク戦争をはじめ、いまアメリカが国際社会で行なっていることは二〇世紀のやり方で、おそらくアメリカのイデオロギーは否定されるだろう。ヨーロッパはすでに二一世紀の課題を実現しようと模索をつづけているのである。

平和憲法をもつ日本は、国際社会で二一世紀の課題を率先して行なうことができる国である。貧富の差が広がってきたとはいえ、中産階級が多いし、教育水準も高い。ところが、二〇世紀型の経済成長のみを追及しようとするから、二一世紀の課題に目をつぶる。昨今の経済団体の提言や自民党の経済政策にそれが現れている。

二一世紀のビジョンが見えないまま、経済成長の呪縛から逃れられない日本を、国際社会はどのように見ているのだろうか。

西ドイツの元首相ヘルムート・シュミットさんとは、ご自宅に招かれたり、訪日の際にはドイツ大使館で会談したりと、親しいお付合いをさせてもらってきた。彼は講演の中で、日本は「かつての征服や犯罪をきちんと謝罪したかどうか、あいまいだ」と述べたうえで、日中関係が悪化していることについて「和解には両国が相手を理解する必要がある」と語った。

ドイツも第二次世界大戦でヒトラーがフランスやポーランドなどの国々を侵略したが、戦後は一貫して侵略の歴史の反省に立ち、日本と同様にめざましい経済発展を遂げた。彼は議論をするたびに「日本の歴史認識が批判されるが、立派な平和憲法をもっているではないか」という言い方をしてきた。私が逆説的に「この憲法はアメリカによる占領の過程でつくられたものだから、独自の憲法を制定したいという勢力がいて、政権を担っている自民党の中にも多数いる」と応じると、「いや、このような平和憲法は大国になってからはつくろうと思っても、なかなか簡単につくれるものではない」と切り返してきた。

さらに、彼はこうも言っていた。経済大国になり「他国にお金を貸すようになったら嫌われるのを覚悟で貸しなさい。借りるときはお礼をいうが、債権者と債務者の関係はそうしたものではない」。言い換えれば、ドイツや日本のように外国に資金援助をするようになると、外交はものすごく難しくなるという意味だろう。しかし、日本は独特の平和憲法をもっているから、世界の安定勢力になると強調していた。

シュミットさんは大学の卒論のテーマに「日本の戦後税制」を選んだほどの日本に好意的な人だが、一国の首相を務めた人がそう言うのだから、身震いするほどの感動を覚えた。平和憲法を日本外交の武器にするという、私の考えの強い支えになっているのである。

いまの日本の経済界は、グローバル・スタンダードあるいはアメリカン・スタンダードのほうが得だという企業が勝ち組になっている。いまやグローバリズムは資本主義、市場経済の普遍化を求める意味ではなく、アメリカの国益を守る世界支配の戦略用語に変化しつつあるのだ。軍需産業と密接につながった大国意識の強い情報産業などが、世界的には勝ち組なのだろうが、その視点からは国際社会で果たすべき役割は見えてこない。二一世紀の社会は、国際的に尊敬される国をめざすことにある。軍事力での国際貢献は限られたことしかできないのだ。

前にものべたように、日本は戦後六〇年、憲法九条のもとで、主権の発動として他国の人間の人命を奪ったことは一度もない。シュミットさんも指摘するように、平和憲法をこそ日本外交の武器に据えていくべきだと私は確信している。

企業社会と市民社会の乖離

日本の企業はいま、冷戦が終焉したあとの、世界的な自由経済の苛酷さと冷酷さに曝されている。その一つの象徴が、実際の貿易取引に必要な資金量に比べ三〇倍、五〇倍といわれるデリバティブという国際短期資金だ。利益が上げられるとみるや瞬時に国境を越えて動く。この資本が求めているのは生産の拡大とかではなく、どこで利益が出るのかだけの、むき出しの資本の論理だ。日本の企業はその市場に〝生き死に〟をゆだねる状況に入っている。そのことは数年来、われわれの目の前で金融機関が典型的な形で示してくれた。

日本の企業が直面している課題はもう一つある。戦後の高度経済成長期につくりあげた企業社会と市民社会が乖離し、二つの社会がそれぞれ異なった倫理、論理で動かされていることだ。これを劇的に示したのはバブル経済である。

企業社会にとっては土地の価格が上がれば上がるほど担保力が高まって好都合だ。しかし、一般市民にとっては「持ち家が夢」となって手が届かなくなる。また、私たちは一個一万円のメロン、一本五万円のネクタイが、当たり前のように店頭に並んでいる光景を目の当たりにする。一万円といえば中国の労働者の一か月分の給料だ。日本でも自分の夫にそんな高価な五万円のネクタイを買える妻はまずいないだろう。社長就任祝いの引き出物とか、得意先の社長を接待するときの贈答品としての価格だ。つまりこれらは企業社会の価格体系なのだ。だからバブル経済が崩壊してマスコミが大騒ぎした当時でも、市民の生活感覚としては、異常な高価格体系が崩れ、当たり前の時代になったのではないかという気分が多少なりとあったのではないだろうか。

しかし、企業社会は〝価格崩落〟から惨めな事態に陥った。そこで企業は、雇用の削減などで市民の側に犠牲を転嫁する状況になった。それがリストラばやりの現況だろう。

本来なら、まずリストラされなければならないのは、企業社会のもつさまざまな意味における贅沢を一掃することだ。それをやらないで社員の給料の切下げや雇用の削減に手をつけ「納得しろ」といっても、容易に納得が得られるはずがない。

平和憲法にふさわしい経済とは

私が一線の経営責任者を退いたあと、経済同友会の仕事を引き受けたのには理由があった。

平和憲法をもつ日本の経済人の一人として、平和憲法にふさわしい形で物事に処してきたかという自己反省の思いである。

それは経済的に影響力の「小さい国」が「平和主義でやる」ということではなく、ここまで経済大国になった日本が「あくまで世界平和を追求する」というためにはどうしても考えねばならぬことだ。日本経済の大きさは一パーセント拡大するだけで世界的なかく乱要因になる可能性がある。それだけに平和憲法にふさわしい経済とは何かを真剣に考えないと、ほんとうの平和国家は築けない。

平和憲法にふさわしい経済を追求するとはどういうことなのか。一つは「国家経済の成長」に軸足をおくのか、それとも「国民経済の安定」に軸足をおくのかの選択である。戦後の高度成長期は国家経済イコール国民経済と考えられてきた。国家経済の成長がなければ国民の豊かさや満足に応えられないと考えられてきた。当時の実情からは当然の考え方であり、今も多くの開発途上国に当てはまる。

言わば〝成長〟以外に選択がなかった。しかし、現在の日本経済はむしろその選択が可能であり、その選択こそがこの国の将来の姿を左右すると言っても過言ではない。

別の言葉で言い換えれば、今後の経済や政治の運営の軸足を企業の側におくのか、それとも個人・家計におくのかの選択である。この問いかけに答えを出すのは経済人として、いま避けられない課題である。私は、個人・家計部門に軸足を移してこそ、はじめて憲法の理念にたつ経済発展の方途が見えてくると確信している。この論証は第Ⅴ章で詳述する。

アメリカの陸海空三軍をあわせたよりもなお多い予算をつぎ込み、日本国土の二五倍のアメリカと同じセメント量を使う異常な公共事業のあり方がこのままでいいのか。全国一三〇の一級河川のうち、ほとんど手つかずの自然のまま流れているのは、いまや四万十川ぐらいというありさまである。この四万十川にもダムが出来た。〝公共事業複合体〟というべきゼネコン、鉄鋼会社などの大企業と族議員、官僚が中心となって国民不在の既得権益構造をつくり、これがなかなかご破算にならない。こうした中央集権的な経済運営を根本から問いなおす必要もある。しかしそれでは地方経済の活性化の活路をどこに見出せばいいのか。財政の負担を地方自治体に転嫁するだけなら、それは「地方の切捨て」を意味するだけではないのか。

軸足の転換は、対米従属路線と既得権益勢力の両方からの抵抗があり、容易なことではないが、もはや微調整ではすまされないだろう。そのためには、憲法を座標軸にすえた市民社会にふさわしい経済を実現する理念をもたなければならない。

なぜ９条改定か

すでに経済同友会が二〇〇三年の四月、日本商工会議所が二〇〇四年一二月に憲法の改定を求めていることから、日本経団連を含め経済三団体が足並みをそろえた。

さらに『毎日新聞』の調査によると、二〇〇五年九月に行なわれた衆院選で当選した四八〇人の衆院議員のうち、八四パーセントに当たる四〇二人が「憲法を改正すべきだ」とする改憲派であった。ちなみに、九六年の衆院選後に実施した同紙の調査では改憲派は四一パーセントで、この約一〇年間で倍以上の伸びを示している。これらは戦後六〇年の歴史のなかでかつてない動きである。

その背景には何があるのか。

結論からいえば、日本が一九世紀、二〇世紀型の経済大国になったからである。そして二一世紀型の課題を見出せず、ひたすら一層の経済成長を望むからである。そこから経済界の大国意識も高まり、アジアでのヘゲモニー（主導権）を取れる国を目ざすからである。

ところが、一方でソ連邦の崩壊で冷戦が終焉し、市場原理が全世界に広がった。冷戦時代までは、日本は人口七億人に過ぎない先進国とだけ競争していればよかった。しかし、冷戦崩壊後は国際的な供給体制が変化し、競争がグローバルになり、全世界の四〇億人が相手となった。市場規模が変わり、日本の得意分野、つまり貿易・輸出で、競争相手が様変わりして日本の比較優位性がなくなったのである。東アジアだけではなく、ロシアや東欧とも競争していかなければならなくなった。

しかも、日本のすぐ隣には賃金水準が日本の二〇分の一で、一〇倍もの人口を擁する中国がある。中国は国連安全保障会議の常任理事国であり第二次世界大戦の勝利国でもある。明らかに政治大国である。その中国が世界経済のプレヤーの一国として経済の面でも驚くべき成長を示しはじめた。そこからも「大国らしく発言権をもつためには軍が必要だ」という焦《あせ》りが強まっているのではないか。

大国意識の高まりは経済人ばかりではない。北朝鮮による拉致問題、中国で開かれたサッカー・アジア杯での日本人チームやサポーターに浴びせられたブーイングの嵐、小泉首相の靖国参拝に対する近隣諸国の反発などから、国民の間にも人国意識が高まっている。「近隣諸国につべこべ言われて謝ってばかりいる必要はない」というような意識や理屈がそうである。

経済成長とともに台頭する中国のナショナリズム（民族主義）に脅威を抱いたり、批判する論調はマスコミを賑わしている。しかし一方、ひるがえってみると、日本も一九九〇年代半ばから若年層を含めてある種のナショナリズムが高揚している。

二〇〇一年の瀋陽日本領事館で亡命を求めた北朝鮮人が、中国の武装警官に強制連行された事件、翌年三月の中国民間保釣聯合会メンバーによる尖閣諸島への不法上陸事件など、日中間でトラブルが起こるたびに、日本の一部メディアの中国に対するとげとげしい物言いも目立つ。マスコミが描く中国の姿は、反日大国など一部の傾向を誇張した報道が少なくない。

改憲の声が高まっている背景を、いま少し経済に即して言うと、バブル崩壊後の「失われた一〇年」――日本はバブル崩壊の処理で、なぜ、これほど長く足踏みをしたのか。それは〝成長の呪縛〟から逃れられなかったからである。
日本は明治以降、欧米に追いつくために富国強兵を国是として、「脱亜入欧」という形で近代化を進めてきた。戦後日本の国家目標は「富国強兵」から「経済大国」へ転換し、近代化は明らかに達成され、高度経済成長を経て数字の上で世界第二位の経済大国となった。

その背景には世界史的に見ても絶好の条件がそろっていた。終戦後、高学歴の優秀な人材が職場に復帰し、また、平時では難しい指導者層の思い切った交代を可能にした。高度成長の要因がそろい、結果として経済大国が実現した。しかも、貧富の差が小さく、中産階級を中心とした社会が形成されたのである。

しかし、二一世紀の課題は見出せず、経済大国になってからもなお一九世紀、二〇世紀型の近代化を追求しつづけてきた。その姿勢はいまも変わらない。経済大国が相変わらずの国家目標だ。あくまで経済成長が前提の経済政策に変わりはない。経済人に限らず、政治家も二一世紀の課題が見えていないのである。

一方で、アジアの経済成長が著しくなり、インドや中国などは近い将来、世界の経済大国の仲間入りするのは間違いない。そこで「やはり日本がアジアのリーダーシップをとっていかなくてはならない」と考える経済人が出てくる。くり返すが、そのためには軍事力を楯にできる改憲が必要だというわけである。

そこには民主党の小沢一郎氏が、以前に出版した『日本改造計画』の考え方がかなり影響していると思う。国連待機軍の創設と自衛隊の参加を訴えた小沢氏の著書がそこまで読んでいたかどうかはともかく、経団連の「武器輸出三原則」の解禁はまさに「普通の国」を目指す動きである。同書が出版された当時、保守系のリベラル路線を標榜した新党さきがけの武村正義代表が、軍事大国化を求めない道を説いた『小さくともキラリと光る国・日本』という著書で対抗したが、『日本改造計画』のほうがベストセラーとなった。

成長の呪縛を解くこと

経済界のリーダーは一九世紀、二〇世紀型の近代化をさらに推進するのが善だという呪縛から逃れられない。そうした立場からは日本国憲法とりわけ九条の価値はまったく見えない。「二一世紀の国家」や「二一世紀型の経済運営」あるいは「二一世紀型の国際的な役割」が見えないのである。むしろ平和憲法をもっていることがマイナス要因であり、「普通」の主権国家として欠落状態にあるとしか思えないのではないだろうか。

かつて戦時中の日本は、大本営が「勝てる」と公言していたために、状況の正確な把握と報道が許されず、退却を「転進」という言葉でかわした。優秀な参謀本部でも「負けている状況」を知りながらも、それを前提にした戦略を考えることが許されなかった。

バブル崩壊の処理もそうである。バブル崩壊で日本が失った富は不動産で一五〇〇兆円、株で六〇〇兆円の合計二一〇〇兆円といわれる。二一〇〇兆円といえば、当時に換算して第二次世界大戦の日本の民間部門が喪失した富と同額である。日本のGDPの四倍、アメリカのGDPの二倍に相当する。

大蔵省の金融当局は当初、バブル崩壊による不良債権を二〇兆円と公表した。危ない金融機関は信用金庫だけで、地方銀行や都市銀行には波及しないとも言い切った。私は金融制度調査会の委員を務めていたので、「そんなはずはない。本当の数字を教えてくれ」と言ったら、金融当局は恐る恐る八〇兆円という数字を出した。

「そんな額ではないはずだ。バブル崩壊の結果は銀行のバランスシートに必ずしわ寄せられるはずだ」と追求しても、当時の銀行局長をはじめ、金融当局はこれ以上はないとしか答えられない。それは、官僚の状況認識が弱いわけではなく、知っていても既存の対策で処理できる最高額しか言えない官僚としての立場を自覚していたからだ。だから新しい対策を立てるごとに不良債権の額を増やすことでかわしていったのである。

そうした対策ではバブル崩壊という、いわば敗戦の戦後処理はできるわけがない。むしろ戦後処理は成長の呪縛を解くことである。ＧＤＰを一パーセント上げるために一〇〇兆円の財政を投入する。経済成長をやるために、あるいは一つの銀行を助けるために何兆円ものお金を出す。その一方で、財政が赤字だという言い方は成長の呪縛から逃れられないからである。私の孫娘の東京の公立高校には冷房がない。一般家庭に冷房がある時代だから、学校にもエアコンを設置したらどうかと文部科学省に聞いたことがある。彼らは「エアコンを設置する予算はしれたものだが、それはＧＤＰの成長率を上げてからでないと財務省から予算が取れない」と答える。一定の見識をもっている官僚も成長の呪縛から逃れられないのである。

日本経済の成長を支えた一つは、企業はつぶさないという政府の暗黙の姿勢だ。ところが、つぶさないを、つぶれないと思い込ませ、それが崩壊する危険を考えてこなかった。しかし、バブル崩壊後の一九九七（平成九）年から市場につぶされる情況になった。大企業がそうした情勢になったのを見ている限り、中小企業や下請け企業からすると、どんなに儲けても安心感は出てこない。だから中小企業経営者は絶対に「大丈夫」とは言わない。親企業が市場に振り回されているのを見ているから、どんなに利益を上げても、現状をプラスには評価できないのである。

企業献金の廃止を決める

終戦直後の一九四六（昭和二一）年、日本経済の再建・復興などを目的として経団連（経済団体連合会）が誕生した。また、同年に当時の新進気鋭の中堅企業人有志八三人が結集して経済同友会も誕生した。一方、総労働に対決する総資本の立場の確立を目的として、一九四八年に設立されたのが日経連（日本経営者団体連盟）である。

経団連が産業団体ごとに自由民主党の政治資金団体「国民協会」（現・国民政治協会）に政治献金を割り振る「あっ旋」を開始したのは、一九六一（昭和三六）年に遡る。しかし、リクルート事件やゼネコン汚職の多発など、政・財界の癒着批判を受けて一九九三（平成五）年、当時の平岩外四会長の時代に「政治献金の廃止」を決めた。

企業の献金問題については、経済団体として慎重な論議をしてきたが、献金廃止のイニシアティブをとったのは経済同友会だ。宮沢喜一内閣の不信任が決議され、総選挙が実施される直前の一九九三年の夏、経済団体の代表が経団連会館で会合をもった。マスコミに漏れないよう、早朝の四時か五時ごろだったと記憶している。当時の経団連会長の平岩外四さん、日経連会長の永野健さん、日本商工会議所会頭の石川六郎さん、経済同友会代表幹事の速水優さん、そして副代表幹事だった私も出席した。

平岩さんは政治献金を廃止すれば、宗教団体やアンダーグラウンドの金で日本の政治が左右されることになるのではないかと危惧された。さらに自民党は政治資金を担保に銀行から二〇〇億円の融資を受けていた。永田町にある自民党本部の敷地を調査したら、借地であることがわかった。自民党に資産はなかった。政治献金を廃止して国民政治協会の栓を止めれば、銀行協会会長の責任問題に発展するとまでいわれた。早朝の会議は、こうした構造的な献金制度にメスを入れることについて激論が交わされた。

当時の政局を振り返ると、一九九二（平成四）年一〇月、東京佐川急便事件をめぐり経世会（竹下派）の金丸信会長が衆院議員を辞職し、同派閥の会長に小渕恵三衆院議員が就任。一方、小沢一郎支持グループは勉強会「改革フォーラム」を結成し、同年一二月に経世会を脱会して羽田・小沢派を旗上げした。同派は翌一九九三年六月の宮沢内閣不信任案に賛成し、不信任案は可決。同派の国会議員が自民党を離脱して、羽田孜党首が率いる「新生党」を結成した。同党は七月に実施された第四〇回衆院選で五五議席を獲得。自民党は過半数の議席が取れず、非自民八党派（社会党、新生党、民主党、公明党、日本新党、新党さきがけ、社会民主連合及び民主改革連合）による細川護熙連立内閣が誕生した。

経団連と日経連は自民党と新生党の二党に献金したいと考えていた。これに対して速水さんと私は、庶民感覚とかけ離れた何十億円という政治活動資金を支えてきた財界と政界の癒着に異議を唱えて、最終的に献金廃止を決めた。

もちろん個々の企業の判断で献金はつづけられた。しかし、一九九五年に政党助成金の制度が発足したこともあり、経団連会員企業の自民党に対する献金額は五分の一に激減した。

「カネも出すが、口も出す」

その後、二〇〇二年五月に経団連と日経連が統合し、日本経団連（日本経済団体連合会）の発足と同時に奥田会長が政治献金の再開を提案した。二〇〇四年から政策評価で会員企業・団体に寄付を促す政治献金を再開した。政治に「カネも出すが、口も出す」というわけである。

二〇〇四年の日本経団連の会員企業・団体による政治献金は総額二二億八〇〇〇万円、前年比二二・六パーセントと大幅に拡大した。このうち自民党への献金額は二二億二〇〇〇万円、民主党にも六〇〇〇万円が献金された。献金をした会員企業は六〇〇社に上り、外資の持ち株比率が五〇パーセントを超えている企業など政治献金が法的に制限されている企業を除いた約一二〇〇社の過半数に達している。

政党から絶えず財界に対して政治献金の要請があるのは、政治にカネがかかるようになったからだ。選挙費用は民主主義のコストの一つだという意見もある。ならばどれくらいの費用がかかるのか、政党助成金の導入が議論されたころに各選挙区で調べたことがあった。自民党の有力者が立候補する同規模の選挙区で、三倍も五倍も選挙費用が違っていた。同一選挙区で、一方の陣営が選挙費用を使えば使うほど、もう一方の陣営も選挙資金を注ぎ込むからだ。これは敵対する国や地域の軍備増強（軍拡競争）に似ている。

経済団体や企業の政治献金には反対である。なぜなら、政治はあくまで市民社会の論理で行なわれるべきものであり、企業社会の論理で行なってはならないからである。また、コーポレイト・ガバナンス（企業統治）の論理からも企業献金は認められない。これほどコーポレート・ガバナンスがやかましく言われているときに、企業献金をすることで政治に何かを求めることをすれば贈賄に当たる。「いや、何も求めていないが献金をする」と言っても、株主代表訴訟を起こされかねない。

また、一企業の社長と副社長が同一政党を支持しているとも限らない。損害保険会社のように五万も六万も代理店を抱えている企業は、特定の政党に政治献金をすることはほとんど不可能に近い。代理店には社民党の市会議員もいれば共産党の県会議員もいる。

一方で、経済界の発言力を取り戻したい、あるいは日本経団連が推薦する経済人を国会に送りこもうという動きが出ている。これはナンセンスであり、きわめてみみっちい話だ。農水省や経済産業省などの若手課長クラスの官僚が出馬して、それぞれの省庁が応援するのはともかく、経済界全体が農水省なみのことをやって恥ずかしくないのだろうか。企業献金に関しても、政党が掲げる政策を、日本経団連が設定した「優先政策事項」に合致しているかどうかなど五段階で判定し、政党への寄付の参考にするとしている。果たしてそれで経済団体の影響力が上がると思っているのだろうか。

かつて八幡製鉄（現・新日本製鉄）の代表取締役二人が、同社の名で三五〇万円を自民党へ政治献金した。これに対して、一株主の弁護士が「政治献金は定款所定の目的を逸脱するものであり、その行為は定款違反の行為だ」として裁判を起こし、最高裁まで争われた「八幡製鉄事件」があった。

最高裁は一九七〇（昭和四五）年に判決を出し、「会社は社会的実在」であり、一見定款の目的とかかわりないように見えても「社会通念上、期待ないし要請されるもの」ならなしうる、災害援助での寄付はその例だなどとして、企業献金を容認した。判決は政治体制を守る大義名分があるという主旨があったように記憶している。だが、いま政権が変わっても資本主義体制が危うくなることはない。そうしたときに、この最高裁の判例を持ち出して企業献金を合理化することはできないはずである。

本来、政治献金は有権者の市民一人ひとりが自分の支持する政党や政治家の活動を支えるためになされるものであり、選挙権の行使と同様に個人に限るべきだ。企業の社長が個人で献金するならまだしも、企業献金の原資は社長のものではない。株主総会で特定の政党への企業献金が諒承されていれば別だが、それは企業のものであり株主のものである。日歯連（日本歯科医師連盟）による一億献金事件のように、政治腐敗の根本には絶えず業界による政党や政治家個人に対する献金の問題が絡む。

そうした意味で、日本も欧米諸国のように個人献金の体制をつくらなければならないが、政党にとれば個人献金一万円と企業献金一億円では比較にならない。日本で個人献金がきわめて低調なのは、企業献金が温存されてきたからである。企業献金といっても、個人経営の経営者による政治献金には問題がない。それは個人献金であり、共鳴している政党や政治家に献金することは悪いことではないだろう。

しかし、経済団体に属するような企業が、献金するのはコーポレイト・ガバナンスのうえでも問題がある。経済団体で政治献金をする場合、それを誰が統括するのかという問題も生じる。統括者は政治的な発言力を増し、国民が選挙で選んだわけでもないのに権力構造の中に入ることになる。さらに言えば、日本は政治の場での宗教的な対立はない。一方、欧米の先進国ではカソリックとプロテスタントが猛烈に対立している。社長がカソリックだからといってカソリック党を応援することはできない。副社長の一人はプロテスタント、もう一人の副社長はカルビン派かもしれないから、個人献金をする以外に方法がないのである。だから企業献金より個人献金が盛んである。

そもそも、国のかたち＝憲法は企業社会の都合でつくるものではない。政治は企業社会のものではない。市民社会のものだ。それが企業献金に反対した経済同友会の方針の根底にある考え方だ。経済団体として憲法問題を扱う場合は、おのずと節度が求められるのである。

小選挙区導入を応援した反省

節度といえば、くり返しになるが、経済同友会の副代表幹事をやっていた当時に反省すべきことがあった。細川護熙内閣の小選挙区制度導入を応援したことだ。その反省と贖罪の思いが、憲法九条の改定に対して反対の意見を積極的に発言していこうと決意した理由の一つでもある。

前述したように一九九三（平成五）年の総選挙で自民党政権が倒れ、一九五五年からの自民党と社会党の二大政党が対立する五五年体制が崩壊した。政局のキャスティングボードを握ったのは、細川代表が率いる日本新党だった。

非自民の八党派は連立政権樹立で合意に達し、細川代表を首班に指名した。合意の内容は小選挙区比例代表並立制による選挙制度改革、徹底した政治の腐敗防止のための連座制の拡大や罰則の強化、さらに公費助成などと一体となった企業団体献金の廃止などの抜本的な政治改革関連法案を成立させるというものであった。

細川首相は就任の記者会見で「先の戦争は侵略戦争」と明言していたので好感を持っていた。そこで当時の自民党総裁の河野洋平さんと細川さんの話し合いをとり持ち、選挙制度の改革を促進するために一役を買った。政界のゼネコン汚職がつづき、族議員が跋扈《ばっこ》していた当時だから、さすがに河野さんは中選挙区制のほうがいいという言葉は使わなかったが、小選挙区制を導入すると社会党などは残れなくなり、おそらく野党が変身すると言った。

細川連立政権は当初、小選挙区二五〇、比例代表二五〇の小選挙区制比例代表並立制を連立政権参加の条件として各党に迫っていたが、河野さんとの合意で一九九四年三月に政治改革関連四法案一部改正案（小選挙区三〇〇、比例区二〇〇）を成立させた。

小選挙区制を導入すれば二大政党制になることはわかっていた。しかし、よもや国会議員のこんなに多数が憲法改正に賛成するような政局になるとは予想もしていなかった。社民党や共産党に対する河野さんの予言は当たった。私の読みは甘かったと強く反省している。当時私は、もう少し違った形の二大政党体制になると考えていたのである。

その後、元副総理の後藤田正晴さん、立教大学教授の高畠通敏さん（ともに故人）らと朝日新聞社で、小選挙区制や政党助成などの新しい制度について鼎談したことがあった。そのとき二大政党に極めて懐疑的だったのは、司会を担当した朝日新聞政治部長の秋山耿太郎さんだ。いまでも「小選挙区制のプラス面とマイナス面を考えてください」と言われたことを覚えている。彼はオール与党になることを危惧していた。公明党がキャスティングボードを握る、現況の政局も予言した。

会談を終えると、河野さんと細川さんの会談を設定していたことを知っていた後藤田さんから「あれが良かったのか、悪かったのか」と聞かれた。司会の秋山さんから「後藤田さんが言っていた、あれとは何のことか。どんな内容だったのか。誰が出席していたのか教えてほしい」といろいろ聞かれたが、極秘で設定した会談だったから答えられなかった。

政治改革の大合唱のもとで、国民の多くも政権交代のある二大政党制を望んでいたが、いまになってみれば、金権・利権政治の刷新が小選挙区制にすり替えられたとき、日本のメディアは秋山さんのように反対の声を上げなかった。政治に対する見通しが誤りではなかったかと反省している。本来は徹底した政治腐敗防止法をつくることが先決だったのである。

改憲の主流派は勝ち組

私の周囲には憲法の改定に批判的な人が多い。しかし、財界では改憲派が主流だ。経済同友会も小泉内閣の発足時に憲法改定、集団的自衛権の行使などを実行するように提言した。

改憲の主流派は自動車産業や情報通信産業の、いわば勝ち組である。強い者、カネのある者の勝ちという価値観はアメリカの軍産複合体関係者とピタリと一致する。彼らは、若い頃、アメリカに留学したり、外資系育ちで、古きよき時代のアメリカに好印象を持っている人が多いように見受けられる。

だからといって、改憲に反対する財界人は決して少数派ではない。アメリカのように軍産複合体が権力を握るということに対し、これまで日本の経済発展に努力してきた多くの人たちはそれには与《くみ》したくないという自負が強い。経済界が改憲の一色に染まっているわけではないのである。

経済同友会の終身幹事で、前日銀総裁の速水優さんもその一人のはずだ。日本銀行の総裁職にあったときは政治的な発言はできなかったが、憲法改定に対して強い危機感を持っておられる。彼は二人の兄を戦争で亡くし、自身も二〇代の戦争末期に召集を受けた。敬虔なクリスチャンでもあり、とりわけ九条の改定に反対しておられると聞いている。

速水さんは一九九一年から一九九五年まで経済同友会の代表幹事を務め、牛尾治朗（ウシオ電機会長）さんに代表幹事を引き継いだ。私はこの二人が代表幹事のころの専務理事だから、両者の人生観、世界観の違いを嫌というほど理解している。牛尾さんの次の小林陽太郎（富士ゼロックス会長）さんはお二人ともまた違った考えを貫かれた。

そして現在は北城恪太郎さん（日本アイ・ビー・エム取締役会長）が代表幹事を務め、憲法問題懇談会の高坂節三委員長（コンパスプロバイダーズL．L．C．ゼネラルパートナー日本代表）を中心に憲法改定や集団的自衛権の行使を訴えている。高坂さんは伊藤忠商事の取締役会長だった瀬島龍三さんの門下生で憲法改正論者だ。私は経済同友会の改憲提言を読んで、月刊誌「論座」（二〇〇三年八月号）の特集「フォーラム「憲法を守ろう」」のインタビューに応じた。同誌の編集部はそのタイトルを「参謀たちは本当の戦争を知らない」とした。陸軍中佐で大本営参謀だった瀬島さんを皮肉ったのであろう。その一部を引用させてもらう。

平和主義は、憲法前文にあるとおり「諸国民の公正と信義に信頼して、われらの安全と生存を保持」する考えである。一部の論者はこれを一国平和主義、平和ボケなどと言って貶めるが、実はこれこそ最も合理的な戦略といえる。従って、今後も国家目標として残すべきだ。

私は外国から日本にミサイルが飛んでくる危険性がまったくないなどと言うつもりはない。そもそも絶対に一発も飛んでこないようにするというのが無理な話だ。米国が目指しているように、膨大な資金を注ぎ込んでミサイルをすべて撃ち落すシステムをつくるしかなくなる。しかし、そんなことに国力を費やすのは無駄ではないか。例えば中国を仮想敵にすれば、国力の大半をそれに振り向けることになる。愚かしいことだ。

万が一、日本にミサイルが一発撃ち込まれたとすれば、その時こそ国際社会を信頼して対処すべきである。いくつもの国がここぞとばかりに一緒になって日本に攻め込んでくることはありえないし、傍観を決め込むこともありえない。国際社会の包囲網が必ずできる。逆に、日本が十発返すようなことをすれば、世界はむしろ傍観を決め込むだろう。一発のミサイルで日本が潰れるわけではない。その一発の可能性を外交で限りなく小さくすることができる。実は、国際社会を本当に信頼するかどうか、これまで問われたことがなかったともいえる。

もし、平和主義を捨てて、戦争をする国になれば例えばマラッカ海峡で日本の船が攻撃されたら、必ず「なぜ軍艦を派遣しないのか！」となるだろう。平和主義の外交交渉ではなく、軍事力を背景にした交渉となる。決着しなければ、戦争になる。それで勝っても、日本の国際的な地位は決して高まらない。世界中に日本企業が進出し、日本の船や飛行機が航行している時に、自国の軍備でそれを守ろうというのは、時代錯誤であり、現実味を欠いている。

……憲法や戦争、平和の問題は、経験や立場によって見解が大きくわかれる。

旧軍人であっても、参謀や高級将校と兵士とでは戦争に対する見方が全然違う。参謀や高級将校は、前線から遠く離れた場所にいて、本当の戦闘どころか、一般市民を苦しめた空襲、食糧不足すら経験していない人が多い。第二次世界大戦の最終盤でもたっぷりと食事をとっていた人たちに、戦争の本当の姿は到底わからない。

二〇〇三年の経済同友会の改憲提言には、正直にいって驚きを隠せなかった。政治的な思惑はないと思うが、昨今の北朝鮮をめぐる国内世論の反応やナショナリズムの高揚しつつある動向を見ていると、そうした状況を十分に把握し、覚悟があって提言をしているのかと心配になってくる。

経済同友会の提言につづいて、日本経団連も日本商工会議所も改憲を促す提言を競って発表した。まるで経済界は改憲派一色になったかのごとくである。しかし経済界というのはヒエラルキーの出来上がった世界であり、支配する企業と従属する企業の世界である。あえて支配的立場にある企業のトップに反対の意見を述べる従属企業のトップはいない。その実情のほどは先述したとおりであるが、ここにあらためて「私は共犯者になりたくない」ことを明記しておきたい。そしてまた、一人が一票を行使する政治の世界の場においいては、経済人も人間として、市民として、有権者として、自らの信条に基づいて行動することを確信している。

Ⅱ　中国大陸最前線へ――私の戦争体験

「求道者」の顔つきの三高生たち

「大本営発表、帝国陸海軍は本八日未明西部太平洋において英米軍と戦闘状態に入れり……」

一九四一（昭和一六）年一二月八日、私は旧制中学の五年生だった。

その日から期末試験がはじまったが、正午に全校生徒が校庭に集合整列し、宣戦の大詔が渙発されたことを告げる東條英機首相の独特の甲高い声とともに、ハワイのアメリカ艦隊に対する空襲とマレー半島上陸のニュースを聞かされた。

すでに朝七時のニュースで知っていたものの、あらためて全校生徒が列をなして聞いただけに感銘が深かった。聞き終わって全校生徒の興奮のなかで、校長の訓辞があり、つづいて私が全校生徒の代表として登壇を促され、決意の表明を求められた。

「大日本帝国の国民として、国家の興亡に立ち会い得た誇りと責任の重さを自覚し、この戦いは前線、銃後の区別なく、われわれ一人ひとりが勝利を目指して闘い抜く覚悟をもつべきだ」

きっぱりそう述べて壇を降りた。途端に配属将校が歩み寄り、「良い決意表明だ。軍に代わって礼を言うぞ」と肩をたたかれた。

一九三七（昭和一二）年七月の盧溝橋事件（日中戦争開始）以来、四年有余、戦時体制に入りながらも、戦意が今一つ盛り上がらず、一種の閉塞感に陥りかけていた国民には、一九四二（昭和一七）年元旦の新聞ほど強い愛国の情を奮い立たせるものはなかった。

ハワイの米艦隊に壊滅に近い打撃を与えた緒戦の戦果は想像を超える大きさだった。マレー半島上陸成功、英国極東艦隊の主力、プリンス・オブ・ウェールズ、レパルスの撃沈、これらがいっきに報道され正月の紙面を埋めた。神兵、皇軍の行く所、神の加護なくしてはとうてい、達せられない戦果を収めていた。

当時一七歳の私は、国家の興亡と国民の興亡とが、かくもみごとに一致する光景を初めて肌に感じ、高揚した数か月を過ごした。京都の三高（旧制第三高等学校）に合格し、中学校の卒業式で卒業生総代として答辞を読んだのは、すべてその高揚の最中のことであった。四月、桜花爛漫と咲き誇る三高の門をくぐり、自由の鐘の塔を仰ぎつつ入学式に臨んだ。

スパルタ教育で全国的に名を知られていた中学から、自由を最も尊び、学生を責任ある一個の人格として完全に大人扱いをする三高に入っただけに、当初はいささか戸惑った。クラスの四〇人の仲間たちの間にあった新入生らしい物珍しさと緊張ぶりは、ほんの一週間ほどですっかり姿を消し、五月の記念祭が近づく頃には、寮に寄宿する連中や浪人を重ねてきた年長者を中心に、談論の群れは休憩時間に渦を巻き、煙草の煙がもうもうと立ち込めるのが教室の常態となり、クラスのコンパ、運動部などの部活のコンパには酒を欠くことはなかった。明治、大正、昭和と歌い継がれてきた寮歌の類は、巷にはやる歌曲を受け付けぬ精神の証《あかし》のごとくまたたく間に全員のものとなり、しかも常に歌うのではなく吟じられるべきものであった。

寮の部屋ごとに、あるいは三、四人のグループごとに、授業を休んで吉野山から熊野路を巡ったり、琵琶湖を周航したり、大和の古寺を次々に訪れたりすることも常態であった。配属将校の指導下にある軍事教練の時間を除いて、授業に出ていない学生に代わって、出欠をとる教師に対し、「代返《だいへん》」をすることも公然の秘密であった。往々教師は、欠席していることを百も承知で、欠席者を指名して朗読を命じたり質問をしたりした。代返者は澄ました顔で欠席者になりすまして応じたが、さらにつづいて当の本人の名前を呼び、「次を読んで……」と促した。躊躇《ためら》わず、同じ学生が一度席について、再び立ち上がり、本人として応ずるということも大して珍しいことではなかった。

中学では考えられない鷹揚さであったが、お陰で紅顔の美少年たちは一足とびに大人の振る舞いを身につけていった。もちろん、勉学への熱意も、中学時代の受験勉強とはまったく異なり、あたかも殻《から》から出た雛《ひな》のように変身し、「教わる者」から求めて止まぬ「求《ぐ》道者《どうしゃ》」の顔つきに変わっていた。

哲学書以外は目もくれぬ男も出てきたし、明けても暮れても『源氏物語』に没頭している男も生まれた。ひと昔前の先輩たちの頭と行動を支配していたマルクス主義、唯物論、階級思想は完全に弾圧され、その風潮のかけらも残っていなかったが、軍と政治を「俗」として退け、軍国主義的な風潮は忌避の対象であり、もっぱら「純」文学、「純」哲学を求めてやまぬ集団こそが「自由」な三高の姿であるとの認識は、誰から説かれるまでもなく皆の共通認識になっていた。

戦争を中心に展開される苛烈な国際政治や国内政治については、それを報ずるマスコミの視点、それを演ずる権力主体の意図とは反対、敵視とはいわないまでも、相当離れた地点に座標軸をおいて眺めていた。いずれは時局の流れに呑み込まれることを承知で、束《つか》の間の「永遠」に身をおくことを願っているのが彼らの姿であり、学校当局はもちろん、京都の町全体もそれに対して寛大であった。

泣きながら寮歌を歌う

すでに太平洋戦争は緒戦の華々しさを失い、むしろ守勢を余儀なくされつつあった。「軍艦マーチ」ではじまる戦勝のニュースも、何時《いつ》とはなしに国民は「本当かな?」と疑いの念を内心に抱いて聞くようになっていた。そんな雰囲気を知ってか知らずしてか、東條内閣は「聖戦」を連呼し、「八紘一宇《はっこういちう》」の理念のもとに「大東亜共栄圏」を唱え、アジアの新秩序建設こそが今回の大東亜戦争の目的であると内外に向かって宣伝に努めていた。

やがて年もあらたまり二年生に進級した。太平洋戦争は開戦一年余にして戦局の主導権はアメリカに奪われ、ガダルカナル島からの「転進」、アッツ島の日本軍「玉砕」、ソロモン上空で米機に撃墜され戦死した連合艦隊司令長官・山本五十六の「国葬」と、「海行かば……」の悲壮なメロディーとともに流される暗いニュースが国民の顔から輝きを奪いはじめた。

しかし、権力はますます軍に集中し、完成度の高い官僚機構をフルに使っての統制は国民生活の衣食住の一切の自由を抑制したのみか、学徒動員、勤労動員、女子挺身隊と次々にすべてを戦場か、しからずんば軍需工場へと駆りたてていた。「撃ちてし止まむ」「欲しがりません勝つまでは」のポスターが、街中の電信柱に貼りめぐらされていた。

それでも三高自由寮の生活は、一切の荒廃と崩壊から免れていた。ただ読書の姿も「霞む」（夕食後、一人または数人で町中に出かけること）姿もいっそう求道者としての凄みを加え、各人の個性がさらに強く表面化された反面、各部屋の住人の連帯感はますます強くなっていた。一二月一日を前後して、学徒動員で次々と応召する学生を送るコンパがつづいた。一浪、二浪して入学した級友のほとんどが召集されたが、召集のこない連中も学校から姿を消した。恐らく故郷の山河をもう一度目に焼きつけ、老いた両親にもう一度甘えながら孝行を尽くしたいと思ったのだろう。

寮歌は相変わらず寮の庭に絶えなかったが、皆泣きながら歌っていた。徴兵猶予のままの理科の生徒にとって、同じ寮、同じ部屋の文科の友を学半ばにして戦場に送るのは耐えられない気持ちだったようで、むしろ反戦の言辞は理科の連中のほうが激しかった。「米機を撃つ前に英機を落とせ」（英機とは首相兼陸相の東條英機のこと）のビラを貼って捕まったのも理科の寮生だった。深夜の図書館は満員だった。暖房がないので毛布やマントを頭から被り、目だけは血走って寒さに震えながら、何としても死ぬまでに一度は手にしておきたい本を抱くように読んでいた。

読まれる本はそれこそゲーテもあればカントもあり、ドストエフスキーやチェホフ、パスカルもあればヴァレリーもあり、島崎藤村や中原中也でもあった。四六時中、般若心経から目を離さない者もあれば、正法眼蔵に喰らいつく者もいた。

私は大きな世界史の激動の行方を見究めたいと「世界」と題するファイルをつくり、新聞の切り抜きや、それに対する感想文を綴り込んだ。新聞の片隅に埋もれている「カサブランカ発同盟」や「リスボン発ＡＦＰ」といった小さなベタ記事が中心であった。ＡＰとかＵＰといったアメリカの通信社、あるいはイギリスのロイター通信社のものはまったく紙面から消えてしまっていたが、中立国を発信地とするニュースについては、まだしも信頼できると考えていた。一一月のカイロ会談や、スターリンの参加したテヘラン会議にも注目した。

日本の指導層・軍部が期待をしていた欧州の同盟国ドイツの欧州制覇の夢はスターリングラードの戦いを転機として大きく崩れ、一方のイタリアはパドリオ政権が連合国に無条件降伏した。太平洋での戦線も日に日に凄惨な犠牲を伴いつつ島伝いに本土に近づきつつある。いずれ本土空襲の日を迎えるのではないか。明けて二〇歳を迎えた私はこの国の運命と、自己の運命の不思議な暗号に思いをいたすとき、名状しがたい感慨にとらわれ、ひとりで寮を抜け出し、寒月のもと吉田の山をさ迷い歩いた。国が起こした戦争にあって、国家と国民の一人である自分はどう生き、どう死ぬのか……。

歴史は坦々と自らの道を歩むであろう。それは個々の人間の歴史にとっても同じではないか。

坦々と歩いて行けばそれでいいのではないか。しかし、なぜかいまの状況を歴史の歩みと捉えかねた。むしろ歴史そのものが崩壊しようとしている。歴史と一緒にこの身も崩壊してしまうのではないかと懼《おそ》れ戦《おのの》く私は、この期《ご》に及んでいったい何を迷っているのだと自らを責め、自らを抑え悄然と山を下った。

まさかその翌日、歴史の激流が私自身を直撃してくるとは、そして私自身が試されようとは思ってもいなかった……。

軍人勅諭を読み替えた三高生

学校と軍が真っ向から対決した。正確には三高生の一人が「査閲」という公式の場で、軍と天皇の統帥権のあり方について「軍人勅諭《ぐんじんちょくゆ》」を読み替えることによって根本的な批判を加えたのである。三高に入学する前年、教練の際に配属将校の不当な言動に憤慨した一人の生徒が同教官を殴打して退学になったという事件については伝聞していたが、今回の事件は単なる反抗として処理するにはあまりにも重大な意味を含んでいた。

事件当日は二月にしては珍しく晴れ渡った日であった。予告どおり九時から京都師団長の査閲がはじまった。私は配属将校の指示に従って閲兵・分列行進の指揮を執り、整列している全校生徒の前に立っていた。校長以下、教師の多くは軍服に似た国民服と戦闘帽の姿で整列し、査閲の進行を見守っていた。

「ただいまから軍人勅諭の奉誦をはじめる。本官の指名の順に奉誦しろ」

例のごとく、軍人勅諭の一節一節を次々に暗誦させる行事に移った。突然、理科の集団の最前列にいた男の手が挙がった。査閲官はつられたように彼を指名した。彼は中学の一年先輩で一浪して私と同じ年に三高に入学したが、半年ほど前から無二の親友として毎日のように顔を合わせ、人生や哲学や文学について議論を交わす仲となっていた。徹底的にカントを読み込みながら、数学ではずば抜けた男として、三高名物の数学教授からも大いに将来を嘱望されていた。

「我が国の天皇は世々軍隊の統率し給う所にぞある」

彼は昂然と胸を張り、口調も荘重を極めていた。だが、私は思わず息を呑んだ。勅諭の正文は「我が国の軍隊は世々天皇の統率し給う所にぞある」で、「天皇」と「軍隊」を入れ替えればまったく逆の意味になる。階級の高い査閲官の一人が、「何いっ、もう一度言え」と叫ぶまでは、指名した査閲官自身が「よし、次」と促しかけるほど見事に語呂が合っている。

「我が国の天皇は世々軍隊に統率され給われたのであります。違いますか？」

査閲官は駆けよって軍刀の柄《つか》に手を掛けたが、思い留まって、「査閲中止！　全員解散！」と叫んだ。私と彼、その近くに並んでいた生徒数人を除けば、誰も何事が起こったのかわからない。ただ査閲が中止となり解散ということだけは全員に聞こえ渡って、生徒たちは緊張から解かれ、列を崩してバラバラに散っていった。

事件は一切公表を禁じられた。

「確信犯だ！」

「ことは畏れおおくも天皇と軍隊の根幹にかかる大問題だ。天皇機関説どころの問題ではない」

「ここまで国体と軍を汚して、ただで済むと思っているのか、査閲とは公式の場だぞ、学校閉鎖だ、校長以下全教官は馘《くび》だ」

「いや、上層部に知れると師団長閣下の責任問題になりかねない……」

校長室では軍と学校の間で激しいやりとりがつづいたが、「もうやめい！　この件はなかったことにする。俺は帰るぞ」と師団長が立ち上がり、「あとの処理は学校、文部省だ。ただし、一切、公にするな」と言い残して、査閲官の一群を引き連れて学校を離れた。

医学者としても高名な校長は冷静であった。いや、政治家以上に大局的に事態を展望しておられた。

「軍は事の重大さをむしろ懼《おそ》れている。恐らく事はなかったことにするだろう。いま反軍、反戦の動きが表面化することを何としても避けようとするはずだ。

ところで、学校としての対応だが、一部とはいえ、国粋主義に凝り固まった生徒もいれば、騒ぎに乗じたがる生徒もいる。世間の目も無視することはできない。従って軍と同様これ以上騒ぎを大きくすることは避けたい……。本土決戦さえ覚悟を強いられている現在、軍に反抗することはけっして許されない国情にあります。彼はその許されないことをやってしまった。三高も許されないでしょう。しかし、私は彼を不正とも不忠とも思いません。彼は愛国者だと思います。天皇陛下を冒瀆《ぼうとく》しているとも思いません。天皇陛下を戴くこの国の国体が軍によって歪められていることを我慢できなかったのだと思います。

許す許さないは法律が決めます。政治が決めます。国民一般の空気、世論が決めます。三高もそれに従います。校長としてもそれに従います。しかし、同時に三高は学問の府です。真理探求の場です……。とにかくこの件に関しては、私と教頭の二人の責任で済むようにさせてください。そして彼の退学処分を諒承してください」

校長室でのやりとりを聞いていた私は、あらためてこの学校に学び得た喜びを心に刻みつけられた。そして一歩も退かない確信を込めた口調でこう言った。

「校長先生！　私は軍に嘆願書を出します。一つは、三高の生徒総代として本件の責任をとり、直ちに退学し、陸軍に一兵卒として志願させていただきたい。一つは、必ず前線に送ってもらいたい。この二か条を軍に嘆願させてください」

校長が答えた。

「陸軍は驚くぞ……、まだ軍にも誠意が通ずるはずだ。君の誠意は必ず届く。いや届かせてみせよう」

「もう一つお願いがあります。半月ほど自粛する意味で休校の形をとっていただきたいのです。学校の授業は休講ですが、実はその間、死ぬまでに一度は直接の教えを乞いたいと生徒が願っている先生たちのご講義を自由に聴かせていただきたいのです。遠からず軍の召集を受けるか、勤労動員、いずれにしても学校の授業はつづけられなくなると思います。死ぬ前に、ここにおられる先生方や、京大の湯川先生、田辺先生、詩人の三好達治さんらの謦咳《けいがい》に接したいと思っている生徒はたくさんいます。どうぞその願いに応えて自由講座を開いていただけないでしょうか。お願いいたします」

「よおくわかった。嘆願書の件も、特別講義の件も、面倒な手続きは一切私たちが引き受ける。君は嘆願書の文案と、聴講したい講師のリストを生徒総代として皆の意見をまとめてもってきなさい」

校長はそう言い終えるなり目頭を抑えた。

特別講義のための休校の措置は直ちに実施され、講義の題目と講師のリストが発表された日は、全校昂奮に包まれた。福井の田舎から出てこられた詩人の三好さんは羽織、袴の姿で教壇に立ち『春の岬』の詩想を諄々と語り、最後の日に生徒に向かって深々と頭を下げ号泣された。各講座とも満員の盛況であった。京大の学生も三高生の間に紛れ込んでいた。

休校が解除された当日、問題を起こした彼の退学処分が発表された。

後になって彼が自殺したことを知らされた。

私は三年進級が見送られ、即日退寮し神戸の家へ戻った。退学届を出し、軍に嘆願書を出した以上、すぐにでも召集されると思い込んでいたのに、はや夏も過ぎ、秋も終わろうとしているのに令状が来ない。ただ退学届は受理されず、休学扱いとなり、また校長、教頭の辞職願も却下され、三高に対する文部省からの処分も一切行なわれていないことから考えて、何か軍も文部省も結論を出しかねているとしか考えられなかった。

中国大陸の最前線へ

冬の訪れに気づいた寒い朝、郵便局長が薄赤色の召集令状を届けにきた。入隊は一二月一日午前九時、鳥取連隊と書かれてあった。その夜は家族で内々の歓送の宴を予定していた。酒はこの日に備えて蓄えられていた。母の顔でかつて出入りしていた兵庫の魚屋がそれこそ目の下三尺という立派な鯛を届けてきたのには驚かされた。宴の終わり近く、中学校時代の友人、小学校の同窓生も次々に顔を見せた。

入隊の前日の朝、神戸駅を発った。二、三年前の賑々しい見送りは自粛のためか、あるいは軍の機密保持のためか、すっかり影を潜め、華やかな「祝出征」といった幟《のぼり》などまったく見られず、ただ日の丸の小旗と、当人の肩に下げられた襷《たすき》で、出征兵士の見送りの一団と認識される世相の変わりようだった。

京都駅では校長が一人で迎えに来てくださった。鳥取には夕方近くに着いた。

一九四四（昭和一九）年の一二月一日、鳥取連隊に現地召集で入隊し、わずか二週間の内務班教育を受け、六〇人の初年兵の一人として、一二月一四日の深更、激しい雪の中を粛々と営門を出て、遥か中国大陸北部の最前線に送られた。河南省洛陽の南三〇キロメートル水泉口に到着したのは、一二月三〇日だった。

「鷺第三九一二部隊、井上隊、擲弾筒《てきだんとう》班、陸軍歩兵二等兵」。

これが私の当時の官姓名である。

窓覆いで目隠しされた軍用列車で博多に運ばれ、多々良浜と覚しき海岸から軍用船で玄海灘を渡り釜山に上陸、朝鮮半島を北上して満州に入り、奉天（現在の瀋陽）を経由して北平（現在の北京）、さらには米軍機の来襲を警戒しつつ石門、そして新郷あたりまで列車で来たが、それから先は連日連夜の行軍がつづいた。新兵は真新しい軍服、外套、持てる限りの兵器、弾薬、天幕、背嚢《はいのう》一杯の食料、さらに防毒面さえ携行していたが、洛陽でそれらの携行品はすべて古参兵に取り上げられ、自分たちは運搬役であることを覚った。

ロシア連邦
モンゴル
哈爾浜
瀋陽
朝鮮民主主義人民共和国
北京
平壌
ソウル
中華人民共和国
大韓民国
釜山
日本
洛陽
新郷
鄭州
西安
許昌
西峡
内郷
南陽
南京
上海
老河口
武漢
重慶
台北
香港

行軍中の小休止、大休止の時間といえども、歩哨《ほしょう》勤務、炊飯、食器洗い、兵器の手入れなどで寝る暇はなく、二、三日もすると睡眠不足と極度の疲労から初年兵の顔は全員残らず腫れ上がり、眠りながら行軍するありさまだった。恐らく夢を見ていたのであろう。直進している列から一人離れてフラフラと歩度を変えないまま運河の流れの方に直角に曲がり、危うく土堤から落ちかける者も続出した。しかし、そうした状態は数日で終わった。顔の腫れも一様にとれて、髭面と眼だけが目立つ引き締まった顔、いわゆる兵隊の顔つきになった。

日本軍の占領地域でありながらも、共産八路軍の勢力が浸透しており、いたるところに抗日ビラが貼られ、城壁や民家の塀には「反日帝、国共合作、東洋鬼」などの文字が黒々と書かれていた。宿営の際も八路軍の奇襲を懼れて村落を避けることが多かった。

洛陽では中国軍の起居していた営舎があてがわれ、六〇人の初年兵は機関銃班、小銃班、擲弾筒班の三班に編成され、軍服もすべて新品から中古品に換えられ、銃器の類も内地から携行してきたものは、いったん師団の兵器廠《しょう》に納め、銃も三八式歩兵銃から遊《ゆう》底覆《ていおおい》のない三〇年式、あるいは中国軍の鹵獲銃《ろかくじゅう》を代わりに支給された。

洛陽から目指す井上隊の駐屯地水泉口までは、五時間足らずの行程であった。途中に神風航空隊の看板を掲げた日本軍の飛行場を見かけた。しかし、そこに置かれた飛行機はアンペラ（アンペラ草の茎で編んだむしろ）で飛行機の格好をしたいわば案山子《かかし》であった。支給された兵器と考え合わせて、内地で想像していた以上に前線は物量不足に苦しんでいることを知り、制空権を奪われた軍の行動の困難さを想い、祖国の形勢はすでに傾いていることを覚り、胸が締めつけられ涙が頰を伝わった。

水泉口では現役初年兵の到着は歓呼の声で迎えられた。凍てつく寒さの中で、到着の夜の不寝番の一番手に指名された。擲弾筒班の居住区になった房子《ファンズ》は水泉口集落の長者の邸の門の傍らの民家だった。小さな土壁の一〇坪余りの廃墟を、初年兵を迎えるために中隊が総出でこしらえてくれたと聞かされて、誰ひとり粗末だとか汚いとか寒いとか文句を言う者はいなかった。明かりといえば、昼は扉の両脇の一尺四方の和紙を張った窓を透して入り込む外光、そして夜には茶碗に保革油（軍靴に塗る油）を溶かし燈芯を浮かせた洋灯二つと、まるで洞窟の暗さであったが、それでもアンペラを敷いた床の下は温突《オンドル》を通し、また入り口の土間に頑丈なストーブ、煙が房子《ファンズ》内にこもらないよう煙突まで備えつけてくれていた。初年兵二〇人は現地での教育期間二か月余りを、この房子で起居を共にした。

最前線だけに、初年兵教育といっても、すべて実弾であり、実砲であった。訓練が即、敵に対する示威であり牽制であった。夜間戦闘に備えての訓練は特に厳しかった。その夜の非常呼集も、演習だと思って軍装を整えて所定の場所に駆けつけたところ、それは八路軍の夜襲だった。耳元を掠める銃弾に初めて身を竦《すく》めた。

初年兵教育の期間中は、班長と教育掛りの古兵に気合いを入れられ撲《なぐ》られることはあっても、他の古参兵や下士官との接触はなく、内地の部隊のような陰湿ないじめはほとんど見られなかったし、初年兵たちの間の諍《いさか》いめいたものも起こらなかった。ただ内地で想像していたよりも食料は十分与えられていたものの、初年兵はいつも腹を空かせていた。何よりも真冬の寒さは酷しかった。夜の不寝番、衛兵に立つときは一分たりともじっとしていれば、軍靴の底が地面にくっついてしまうほど地面が凍っていて、ほとんどの初年兵は凍傷にやられた。

米の飯の食い納め

一人の落伍者もなく教育期間を過ごし、ようやく一期の検閲も終わった頃、老河口作戦が開始され、洛陽から遠く西安までの攻略命令が部隊に下された。洛陽近辺に展開していた各隊はひとまず洛陽に集結した。当然、前線に出動する一六三連隊第四中隊の兵卒として戦闘に参加すべく覚悟を固めていたが、部隊出動の前日、洛陽残留を言い渡され、幹部候補生を選抜する試験を受けよと命じられた。私は兵卒として志願した経緯を率直に述べ、士官候補を固辞したが、中隊長をはじめ中隊幹部は首を傾げるばかりで取り合ってくれない。師団司令部からの受験者名簿を見せられた。学歴欄には「東京帝国大学法学部政治学科学生」と書かれてあった。私の知らぬ間に第三高等学校を卒業し、大学に進学していることになっていた。

陸軍は将校の不足に悩んでいる、将校になるのが嫌なのかと責められたが、「参謀本部や司令部の将校はいざしらず、前線の将校はいかに味方の損害を少なくするか、つまりいかに兵を殺さないかを考えているんだよ」という中隊長の言葉が殺し文句になり、他の有資格者と共に洛陽での幹部候補生試験を受けた。試験といっても形だけで、全員が合格する仕掛けになっていた。ただ従来と違い、合格しても後方の予備士官学校に送られず、老河口作戦には参加することになり、しばらくは洛陽で待機して本隊に復帰する時機を待った。

一か月経って原隊復帰の命を受け、他の部隊出身者一〇数名と洛陽を後にして前線へ向かった。引率の下士官は奇しくも同じ一六三連隊第四中隊の軍曹で、顔見知りだけに心丈夫だった。途中でトラック部隊に拾われて、原隊が苦戦の上攻略した南陽まで一日で到着した。それから先は歩きつづけた。内郷あたりからは、前線から護送されてくる負傷の隊列に何度も出会った。渓川の岐れ道で、私と軍曹は西峡口を目指すことになった。川沿いの杣道を上流へ向かって歩いた。疲れ切って倒れ込んでいた負傷兵に会った。食べ物をくれと跳びかかってきた。南陽の街で買っておいた焼餅《シャオビン》を一枚渡してやった。夢中で頬張る兵隊に水筒の水も飲ませた。西峡口から下ってきた鷺兵団（第一一〇師団）の兵隊だとわかり、西峡口までの道筋を詳しく確かめた。

道は山間に入り、夕暮も迫ってきた。軍曹と友軍が占拠している山腹の洞窟で野営をすることにした。

「明日あたりから戦闘だ。ここなら大丈夫だろう。飯盒《はんごう》で飯を炊け、米の飯の食い納めだ」

私は軍曹から渡された五合余りの米を川の水で丹念に研ぎ、枯れ枝を燃やして飯盒を掛けた。蓋すれすれまで盛り上がってふっくらと白い飯ができあがった。軍曹は紙に包んだカチカチに固まった味噌と岩塩、それに梅干を取り出し、二人で豪華な食事にありついた。白い飯のおいしさは格別だった。

一六三連隊は洛陽からここまで大変な苦戦に苦戦を重ねていた。私が中隊を離れている間に西峡口の攻略戦闘で中隊長が戦死し、新しい中隊長もその日の暁の攻撃開始の直後、軍刀を振りかざしたまま銃弾に倒れたという。一二四〇高地攻略で一六三連隊は中隊長以下、将校二人、下士官四人、兵一〇人の戦死、負傷者も十数名を数えたが、同期召集で亡くなった初年兵も洛陽出発以来一〇人に達していた。

私は正式に原隊復帰を申告し、あらためて第一六三連隊第四中隊、擲弾筒分隊に編入された。ほとんどが顔なじみの同年兵だったが、古年兵や下士官は初対面の人たちも少なくなかった。彼らがいかに苦戦を重ねてきたかは、その服装や装備の傷み具合に表れていた。満足な靴を履いている同年兵は一人もいない。軍服の代わりに中国兵の綿服を着ている兵さえいた。

一二四〇高地は確かに占拠に値した。その頂上からは西峡口、老河口、馬頭山、内郷と四囲を見渡すことができた。三キロメートルほど離れた山には敵軍がいたが、その動きも山頂から俯瞰できた。

山頂での四日目の朝、敵機が頭上すれすれに飛行してきた。二度、三度と旋回を繰り返したが、宿営天幕を草や木で完全擬装していたので爆弾投下も機銃掃射もせずに去って行った。まだ日没まで一時間ほどの頃、別の型の敵機が来襲し、まず一三九連隊の陣地に機銃掃射を浴びせ、ついで爆弾を投下した。陣地は大混乱を呈し、死傷者も出ている様子だった。

上空で旋回した敵機が一六三連隊の防御陣地に向かってきた。爆弾が投下されたが、離れたところに落ち、しかも不発だった。執拗な機銃掃射が繰り返された。敵機は乗員の顔が見えるほど低空をかすめた。山頂から少し降ったところに掘った壕から軽機と小銃で応射した。傷ついたらしく機体から一條、黒い煙の筋を吐いたと見えた途端、老河口の方向に飛び去った。

一六三連隊の被害は僅少で下士官が一人負傷しただけだった。一三九連隊に救援の兵を出したが、こちらも大きな損害はなかったとのことだった。しかし、この陣地は移動しようがないので、二機、三機で襲われれば防ぎようがない。できるだけ兵を分散させることに決まった。山頂から六合目近くまで分散し、一人ひとりが蛸壺《たこつぼ》の壕を掘ることになった。この陣形は敵軍歩兵の登頂攻撃に対しても有効と思われた。

覚悟はしていたが、敵の大部隊の攻撃が開始された。その情報は師団司令部の伝令がもたらした。援軍の到着まで死守せよとのことであった。同じ伝令は一三九連隊第二中隊にも届けられた。同中隊とわれわれ一六三連隊第四中隊は運命を共にすることになった。両中隊は指揮系統も一本になり、ガッチリと手を組んだ。あらためて弾薬などが再分配され、乏しい食料も公平に分配された。本格的な攻撃は翌暁、飛行機と山砲《さんぽう》も動員してくるだろう。ただし敵の山砲に対しては師団の砲兵が応じるはずだ。

「明日が最後だ」の思い

すべてが予想どおりにはじまった。夜明けと共に二機の敵機が来襲した。しかし、先日の応射に懲りてか高度をあまり下げず、焼夷弾を投下すると飛び去った。第二中隊の守備地帯はこの焼夷弾によって猛火と黒煙に包まれ、激戦地さながらの状況を呈していた。

敵の山砲の発射音は神経に応えた。着弾までの時間は恐怖で心臓が縮む思いだった。すかさず師団の砲が敵の山砲陣地に撃ち込みはじめ、やがて両軍の砲火はピタリと止んだ。第二中隊の側の火の勢いも衰え、ときたま竹藪の竹が熱で弾ける乾いた音のほかは静寂が支配した。こんな小さな高地に敵味方合わせて一〇〇〇人余りの兵がいるのに不気味な静寂が訪れた。

「擲弾筒は壕を出て散開、目標は前方林の手前、距離三〇〇」

その不気味さを撥ね返すように分隊長の伍長の号令が凛として発せられた。いつの間に来たのか、指揮班の軍曹が横に立って双眼鏡で悠々と敵状を見ていた。

「右前方五〇〇にチエッコ重機関銃らしきもの出現」

軍曹の示す方向に目を凝らしたが、肉眼では林や藪のほかは何も見えない。

「あの高い木が見えるか。その根元から指二本右。間違いない、チエッコだ」

筒床を最も安定する場所に据え直し、指二本、指二本と念じて照準を合わせた途端、ピカッと金属的な光が目に入った。これだっと合点して筒口を心持ち右に寄せ、心を静めて紐帯（擲弾筒の引き鉄）をサッと引いた。筒身を支える左手に熱と衝撃が鋭く伝わった。弾道は狙いの通り弧を描き、着弾も狙い通りの地点で炸裂した。何かパッと飛び散るものが見えた。

「やったぞ！」

軍曹が伸び上がって双眼鏡で確認した。一息つく間もなく、右の林から敵の迫撃砲が擲弾筒分隊の散開地点を狙って撃ち込んできた。一発は後方一〇メートルも離れていないところで炸裂したが、軍曹にならって地面にピタッと伏せていたので破片は頭上を越えて助かった。

右に散開していた機関銃分隊が一斉に応射をはじめた。その間隙を縫って駆け、前方五〇メートルの土饅頭《まんじゅう》で盛り上がった地形を利用して身を隠し、同時に前方の林の切れ目に照準を合わせた。敵の迫撃砲は二門、一門は機関銃分隊を狙い、残る一門がわが擲弾筒分隊を執拗に狙いつづけた。敵兵が一人、二人と林の切れ目に出てきた。見る見るその数が増えてくる。

「擲弾筒発射用意……撃てっ！」

分隊長の号令と同時に、一斉に林の切れ目の草原に集まった敵の密集に向かって全筒が火を噴いた。ほとんどの筒の狙いは過《あやま》たず、切れ目の草原一帯をなぎ払うように凄まじい集中攻撃だった。つづけて二発、三発、四発と、筒身が焼けるまで撃ちまくった……。

凄まじい土煙、火の柱、地獄絵さながらの阿鼻叫喚《あびきょうかん》が目の前に展開された。吹き飛ぶ敵、倒れ伏す敵、傷ついた仲間を抱えて林の中に逃げ込む敵、それでも勇敢に外套の赤い裏地を翻してこちらに向かってくる敵の指揮官。私は擲弾筒を同年兵に預け、背に負った三八式歩兵銃に剣をつけ白兵戦を覚悟した。

幸いに右に展開していた中隊の軽機が、擲弾筒分隊の目前一〇〇メートルに迫った敵軍の果敢な突撃を阻んでくれた。何か喚《わめ》いた指揮官の後を追って、敵兵が脱兎のごとく林の中に逃げ散る姿を目にした途端、私はその場に倒れ伏し、しばらく身動きすらできなかった。

林の中は静かになった。敵兵が潜んでいる気配もなくなった。時折響いていた銃声も間遠になり、戦線に静寂が訪れた。激しい戦闘の直後に訪れる静寂の恐ろしさは経験した者でないと絶対にわからない。

「あのとき一歩右にいたら、一秒伏せるのが遅かったら……。軽機が助けてくれなかったら、擲弾筒の一斉射撃が成功していなかったら……」

生きていることが不思議な運命としか思えなかった。背筋が凍りつくような恐怖感が中隊全員を支配した。身体の震えが止まらなかった。もはや一二四〇高地の山中には敵兵の姿はない。だが、山麓はすっかり敵に包囲され、蟻の這い出る隙間もない。陣地整備が終わった分隊から次々に休息、仮眠の許可が出た。自分の蛸壺に戻った私はことさら入念に擲弾筒の手入れ、三八式銃の手入れをして、高地を包む静寂に誘われたごとく深い眠りに落ちた。

四日経っても五日経っても、戦線の膠着《こうちゃく》状態は変わらなかった。

高地の頂上から見ている限り、友軍は次第に敵を圧迫して西峡口からさらに北西に向かって戦場を移していた。一二四〇高地は取り残された形勢になっていた。作戦全体について何の知識も与えられていない兵隊の目からは、西峡口方面の友軍のみ突出し、四囲すべて敵軍で、まるで敵に誘い込まれているように見えた。敵機はほとんど一日中、上空に姿を見せ、西峡口方面の友軍に銃撃、爆弾の雨を降らしていた。

山頂の両中隊とも食料が尽きた。七合目近くに湧水が池を造っており、もっぱら水草の葉や根、それに竹林のタケノコで飢えをしのいだ。さすがに山陰の部隊だけあって、食用にできる野生植物の見分けは確かであった。都会育ちには真似のできない手先の器用さももっていた。敵の遺棄した衣服の布地や小間物を利用して、戦闘で傷んだ軍衣袴や下着を巧みに修理したり、竹を切って笛をつくることさえやっていた。

しかし、師団規模の敵の大軍に包囲されているという現実は、兵の頭から片時も離れない。「明日が最後だ」との思いから逃れた時間は一度もなかった。かといって誰一人、自暴自棄な振る舞いをする者はいなかった。軍隊の規律というよりむしろ、死を前にした人間らしく、自らに対してはストイックに、他者に対しては思いやりを忘れなかった。

昼夜を分たず順繰りに斥候《せっこう》に出て、山麓の敵状を視察する以外には軍務らしい仕事とてなく、池の水で身体を潔めたり、下着をたえず洗ったり、いつもこざっぱりした感じで、最後の日を待った。

「もうだめだ、何も見えない」

一九四五（昭和二〇）年六月一一日の夜明け、敵の大規模な攻撃がはじまった。夜明けと共に敵機が頭上に現れ、のべつまくなしに銃撃を繰り返し、敵の山砲も凄まじい勢いで砲撃を浴びせてきた。

山頂に近いところから、過日、敵から捕獲したばかりのチエッコ重機関銃が射撃をはじめた。前方五〇〇メートルの林を狙っている。はや敵兵が林の中に集結しているらしい。それに応じるように敵の迫撃砲と重機が機関銃分隊に集中砲火を浴びせてきた。閃光、もうもうとした土煙、耳を聾《ろう》する炸裂音、一瞬、機関銃分隊の存在が地上からかき消えたかと思われた。

林の中から敵兵が数十人の単位で何組か飛び出してきた。いよいよそのときがきた。

「擲弾筒、射撃用意。撃てっ！」

分隊長の号令一下、六筒の擲弾筒が一斉に発射された。ほとんどが正確に目標を捉えていた。

二発、三発目までは覚えていた。

敵の迫撃砲が擲弾筒分隊を目がけて火を噴いた。斜めうしろの岩を掠めた迫撃砲弾の破片が右足に刺さり激痛が腰に走った。「あっ！」と声を上げたものの、次の射撃への姿勢は崩さなかった。四発目を撃ったか撃たなかったか……、突然、目の前が真っ白になり、何も見えないまま頭も胴も腕も足も熱い鉄棒で同時に滅多打ちされている感じで、声を上げる暇もなく敵の迫撃砲の直撃に吹き飛ばされた。擲弾筒も、被っていた鉄帽も空中に舞った——。

私は死ななかった。戦場にそのまま倒れ伏してもいなかった。仲間の誰に抱き起こされたか憶えていなかったが、倒れていた兵に蹴つまずきながら塹壕の中を走り廻っていた記憶はある。一二四〇高地の山頂に敵軍の姿を見て仰天した記憶もある。湧水のほとりに身を潜めた記憶もある。カサとも音の聞こえなくなった戦場の静寂に、怯えと同時に安堵を覚えた記憶もある。あれから何時間、どうやって戦場から離脱できたのか。銃は手離していなかったが、軍衣はズタズタに破れており、軍袴にいたっては岩肌を滑り降りるときに擦り切れたのか、尻の部分は巻き脚絆《きゃはん》のところまでまったく裸だ。

日が沈んでから何時間経ったろう。木の間から仰ぐ空にぼんやりと月が見える。歩く気力がなくなった。一抱えはありそうな太い幹に歩みよって両足を投げ出し、辛うじてもたれかかった。傷口から流れ出る夥《おびただ》しい出血のせいか、疲労の極にあるせいなのか、激しい悪寒と同時に意識が朦朧《もうろう》としてきて、しばらく目を閉じてじっと耐えていた。わずか二、三分だったと思う。再び目を開いた私は絶望に打ちのめされ、全身から血がスーッと引いた。何も見えないのだ。目の前に近づけた自分の手も、もたれかかっている木も、空も月も、何も見えない。そうだ、あのとき頭を撃たれたのだった。脳がやられて生きていた例はない。脳がやられ、視神経がやられ、視力を失ってしまったのだ。思わず腰の帯革に下げた手榴弾を手で確かめた。敵に見つかればこれで自爆はできる。しかし、おそらくその前に意識を失って死ぬだろう。友軍に見つけられても屍体となっているだろう。

今まで私をここまで運んできた「生きよう」とする力が急速に消えてしまった。伸ばしていた足を胡坐《あぐら》に組んだ。右の膝に激痛が走ったが意に介さなかった。腕を組もうとした。左手の親指の付け根に何か尖ったものが突き刺さっていた。迫撃砲の破片のようだった。手探りで抜き取った。血が噴き出したが、もはやそれも私には見えなかった。

「もう駄目だ、何も見えない」

死に臨む言葉としては淋しすぎる……。涙がどっと溢れ、思わず右手の拳で涙を払った。

「あっ！」

私の心臓が跳び上がった。

「見える！　足も見える！　手も見える！　樹々の葉が月の光を浴びているのが見える！月も見える、ぼんやりとではなく皓々《こうこう》と照る月が見える！」

脳はやられていない。視力は失っていない。額からの出血で両眼が塞がれていたのだ。

その額の傷も破片の擦過傷程度だった。命を惜しむというよりももっと激しい生命力が身内にみなぎってきた。太い幹を撫でさすった。この大樹の根元、この場所こそ自分の聖地に思われた。ここから離れず、ここで夜明けを待ち、どちらに向かって歩むべきか、夜が明けてから決めよう。

私のとった態度は正解だった。夜明けと同時に友軍の斥候に発見された。しかも同じ一六三連隊の斥候だった。一二四〇高地の日本軍は全滅し、高地は奪われたと知った連隊本部は、支援が遅れ第四中隊を見殺しにしたことを悔い、せめて死傷者を一人でも多く収容せねばと、夜を徹してようやく山麓に到着したのであった。

私を見つけてくれたのは将校斥候だった。部下の兵隊に命じて直ちに衛生兵を呼び、担架と予備の軍服を持ってこさせ、自分の水筒の水を飲ませ、自分の飯盒の飯をさえ食べさせてくれた。

終戦――日本は二度と戦わない！

一九四五（昭和二〇）年八月一五日の終戦を迎えた頃には、前線は漢口（武漢）方面から北上してきた師団と交替し、私たちの師団は別の任務に就くべく京漢線の許昌に集結中であった。

折りしも中国大陸全土で蔣介石の重慶軍と毛沢東・朱徳の共産軍の覇権争いが激化し、いわゆる国共内戦の時代がはじまっていた。中国大陸の日本軍は敗戦に伴う武装解除もすぐには受けず、武器を持ち軍の秩序を保ったままで、ときには重慶政府の指導下で共産軍と対峙したり、蜂起する土豪軍の討伐に狩り出されたこともあった。

鄭州の郊外、小李庄という村落の鉄線で囲まれた俘虜収容所で他の部隊も合わせて五〇〇人に余る将兵たちと共に冬を過ごした。

野口大尉の発案でガリ版刷りの雑誌をつくることになり、大尉の依頼を受けて私が編集に当たった。京都帝国大学で河上肇に学んだ大尉は、いわゆる「懲罰召集組」で、盧溝橋事件勃発以来ずっと戦場に留め置かれ、数多くの戦地を転戦しつづけてきたと聞かされ、また私の前線志願の経緯についても正確に知っておられた。

大尉は「二人のH君へ」と題した一文を創刊号に寄せられた。書簡体の小篇で、この戦争がいかに間違った戦争であったか、大義を欠いた戦争をいかに歪んだ愛国心が支えてきたかを、日本人のH君宛に鋭く説き明かすとともに、同じH君という名の中国の友人に、日本軍人としていかに中国人民を苦しめてきたかを一つ一つ事実をあげて詫び、「自分は罪に服さなければならぬ」と結んであった。

編集者として迷った。大尉の文章は一語一語間違いなく命賭けのものであり、たとえ無事に内地へ帰還できても、次の人生はこの反省から始めなければならないことはまったく同感だった。しかし、あまりにも深刻な文章であった。軍に対する批判は徹底していたし、日本陸軍の犯罪を容赦なく暴いていた。

「大尉殿、私たちは復員するまではいまだ軍の秩序のなかにおかれているのではないですか。またいずれは戦争犯罪が問われ、場合によっては個々の将兵のそれも問われると思います。大尉殿のこの文章は重大な意味をもつだけではなく、ご自身も軍事裁判の被告にされる可能性が大きいと思います」

私はそう忠告したが、「覚悟のうえだよ……」と笑って受け流された。

私も創刊号に筆を執った。表題は「終戦――日本は二度と戦わない！」

国家は固有の国土と国民の生命を守ることを超えて武力を発動することは許されない。他国を侵略する大義などあり得ない。戦争とは他国兵を殺し、自国兵を殺すことである。敵・味方とも兵には親・子・妻・兄弟たちの生活と愛情が十重・二十重と絡んでいる。

ましてや第一次世界大戦以降、戦争の形態はいわゆる「総力戦」となり、前線と銃後の境なく、すべての国民が生命・財産の危機にさらされ、すべての自由を失い、人格も人権も「戦争遂行」「勝つため」の価値の前では当然のように無視されるという、まことに言語道断、非人間的な世界に追い込まれることになってしまった。

にもかかわらず戦争を企む勢力があり、戦争を通じて利益を得る勢力がある。それは軍を支配する軍部と呼ばれる権力集団と、戦争資源を支配し、戦争道具の生産を支配する資本家集団と、この二つが結びついた軍産複合体とも名づくべき権力機構である。これらの勢力は周到にも、大陸侵攻を企てるに当たって、すべての反対勢力を社会主義、自由主義者の名のもとに完全に牢獄に押し込め、社会から隔離してしまった。

国を愛さない国民など一人もいない。美しい国土、平和な生活を守らねばと心掛けない国民など一人もいない。その人たちを駆りたてて、愛国心があるなら大陸で闘え、南方で闘え、太平洋で闘え、最後には竹槍で闘えと、愛国心を歪ませ、狂わせてきた権力の本体を許すわけにはいかない。

この戦争で命を失った戦友、焼け出された人々のことを考えると腸が煮えくりかえる。いわんや侵略された中国大陸をはじめ南方の国々の国民に対して、その与えた悲痛な運命を大日本帝国はどう謝り、どう償おうとするのか、戦地で闘わされたわれわれ日本軍人はどの面下げて彼らと向かい合えばいいのか。

大日本帝国はまさに坂を転げ落ち谷底に至ってようやく停まった。敗北以外の何ものでもない。国は亡びた、否、亡ぼされたのだ。しかし、この国の権力者たちは「敗戦」

と呼ばず、「終戦」と呼び交わしている。戦中に国民の頭に叩き込んだ「臣民の道」や「戦陣訓」の延長からは「敗戦」という言葉は口に出しようもない、「撤退」「退却」を「転進」としか呼びようのなかった軍隊であり政府だった。

しかし、私は敢えて「終戦」で結構だと思う。二度と戦争はしない。未来永劫、戦争をしない。二度と他国に兵を出さない。その表明として「終戦」と呼ぼう。この思いを一生抱いて生きていく……。

大尉の沈々たる告白を上回る激越な文章を載せた。日本軍俘虜収容所は敗戦後も各隊ごとに軍の秩序は保たれていたが、さすがに憲兵のような思想取り締まりの機構は完全に姿を消していた。一部の将校たちは大尉と私の文章に激高したが、兵士たちは泣きながら読み、涙とともに雑誌を手渡していった。

戦争に行く前、高等学校時代から、カントやヘーゲルを読んで、国家と個人の関係については考えていた。ヘーゲルのいう国家理性で日本も戦争を始めた、と思いこもうと努力していた。しかし結論が出ないまま兵隊にとられて、戦闘に参加した。その間、これでほんとうにいいのか、という問題意識はずっと持ち続けていた。ところが、戦争の途中で、自分の問題の立て方が間違っていたと気づかされたのである。国が起こした戦争と考えたために、国対個人という問題ばかり追いかけていた。じつは戦争を起こすのは国ではなく、人間なのだ、それをくい止めるのも人間なのだ、と気づかされたのである。だから、それ以後、こんな戦争は早く終えるべきではないか、と思い続けた。侵略しているという思いもあった。

その雑誌を出した時、「敗戦」か「終戦」かのすさまじい議論があった。「敗戦」派は陸士出身を中心に結束を固め、勝つためにもう一度戦う、国の「終戦」という呼び方は卑怯だ、国に血判状を出すと血気盛んだった。しかし彼らは中国占領軍のエリートとして、最前線のほんとうの戦闘を経験していない人が多かった。一方、われわれのほうは「終戦」で結構だ、もう二度と戦争をしない、絶対に他国に兵を出すような国であってはならないという気持ちだった。前線部隊ほど「終戦」派が多かったのである。

ガリ版刷りの雑誌『小李庄』は月刊のペースで刊行をつづけた。「祖国――美しい国、日本」を四月号のテーマとして編集していたちょうどそのとき、内地帰還の命が下り、鄭州から貨車で乗船地の上海に運ばれた。

一度は一二四〇高地の戦闘で死に臨み、一度は俘虜収容所での餓死寸前を体験した一年半に満たない短い戦地体験ではあったが、生涯揺らぐことのない「原点」を自らの身心に刻みえた。国民の目で国家権力を見る。兵士の目で戦争を見る。飢餓の目で食を見る。大日本帝国とは訣別して祖国日本を思う。

俘虜収容所時代、さして軍の秩序や規律は崩壊せず、ことに私の中隊は許昌で再編成された後は、野口英一大尉という優れた中隊長の統率下にあって、想像を絶する飢餓に直面しながらも、それこそ一兵も失わず、一兵も損ねず、翌一九四六（昭和二一）年四月三〇日、山陰の仙崎港に上陸、内地帰還を果たしえた。

右膝をはじめ四か所に迫撃砲の破片を受け、行軍中に南陽熱（マラリアの一種）にかかり、赤痢にもやられ、栄養失調のため六〇キロの体重が三〇キロ台まで痩せ細ってしまったが、私は戦傷・戦病の扱いを頑なに拒みつづけ、「大丈夫です、歩けます」と最後まで中隊の戦友たちと行動を共にして内地の土を踏んだ。

日本の憲法草案が発表された新聞を、復員船が日本の沖に停泊している時読んだ。戦争放棄の条項が入っているのをみて、驚いた。世界にも例のないことであり、そこまで書くとは想像もしなかったからである。われわれ「終戦」派は、みな感激し思わず快哉を叫んだ。

復員船の甲板から眺めた祖国日本の島々、岬の松林、漁村のたたずまいの息を呑むほどの美しさ、そして自分の全身全霊を抱きかかえ癒してくれるような優しい風光に思わず声を上げて泣いた。どんなに苛酷な状況にあっても、入隊以来一度も他人に涙を見せたことのなかった私の咽《むせ》び泣く姿に戦友たちは驚いたが、しだいに咽び泣きの輪が広がり、泣きながら互いの名を呼び合った。その輪の中には温顔の大尉まで加わっていた。

中国から内地帰還を果たした七か月後の一九四六年一一月三日、大日本帝国憲法に替わって新しい「日本国憲法」が公布、翌年の五月三日に施行された。憲法は「血を流して獲得しなければ本物ではない」といわれる。日本国憲法はアジア・太平洋地域の二千数百万人もの血で贖《あがな》われたものだ。二度と戦わない――これほど鮮明に明記した「憲法九条」は堅持していかなければならないと強く決意したのである。

Ⅲ　アメリカの軍事行動に従う日本

イラク戦争の動機

そもそもアメリカの対イラク戦争に大義はあったのだろうか。

コリン・パウエル米国務長官はイラクへの攻撃に先立ち、国連安保理（国連安全保障理事会）でイラクが大量破壊兵器を隠しもっているとする証拠を衛星写真などを使って示した。大量破壊兵器とは核や弾道ミサイル、生物・化学兵器などの深刻な被害をもたらす兵器である。

ところが、イラク戦争が終結した翌二〇〇四年の九月、同長官はイラクが大量破壊兵器を隠しもっていたとする証拠は確かなものでなかったとして、大量破壊兵器に関する事実上の捜索打ち切りを発表した。発表に先立ち、同時多発テロ検証独立調査委員会も、イラクのフセイン政権がアルカイダに協力したことを示す証拠はないとの報告書を提出した。さらに国連のコフィー・アナン事務総長はイギリスのテレビBBCのインタビューで、アメリカとイギリスによるイラク攻撃は国連憲章に対して「違法」であると断定した。

国連憲章（二条四項）は、武力による威嚇またはその行為を禁止している。紛争が起きたときには平和的な解決を当事国に義務づけ、武力の行使が認められるのは、国連決議で「国連軍が編成」された場合と「自衛権の行使」のみである。

国連安保理は紛争などの事態が生じた場合、まず、平和への「脅威」、平和の「破壊」または「侵略」であると認定し、停戦や現状回復などの暫定措置を当事国に義務づけている。それでも事態が変化しないときは、経済制裁を中心とした「非軍事的な制裁措置」がとられる。さらに不十分な場合において、はじめて「軍事的な制裁措置」を認めている。

その際、制裁措置を行なう軍隊＝「国連軍」の指揮は国連安保理の常任理事国による軍事参謀委員会が執るが、実際は一九九二（平成四）年の湾岸戦争のように、国連安保理から権限を委譲された多国籍軍が軍事行動を行なうことが多い。

しかし、アメリカは国連安保理の明確な決議もなく、従来の国際法を超えた予防戦争ともいえるイラク攻撃に突入した。ブッシュ大統領は、国際テロリストを根絶するための「新しい戦争」を戦うと繰り返し、世界を「善」と「悪」の二極に分け、アメリカの軍事行動の正当性を主張した。こうしたアメリカの軍事的一国主義は、多様な価値観の共存を不可欠とする二一世紀の国際社会には適合しないだろう。かえってイスラム世界を中心に反米感情が再生産され、自爆テロ事件の連鎖を生むだけである。まずは国際社会がイスラム世界に対する軍事行動を控え、イスラム世界の抑圧や貧困を見直し、彼らと対話をはじめることこそが「テロとの戦い」に打ち勝つ道ではないだろうか。

なぜ、アメリカはイラク攻撃に踏み切ったのだろうか。最大の動機はイラクの大量破壊兵器の拡散であった。ブッシュ大統領は大量破壊兵器の廃棄を目指す国連や世界の動きを、イラクが阻害していると強く非難した。しかし、その大義が崩れていくなかで、ブッシュ大統領の対イラク戦争の動機についてさまざまな仮説が飛び交った。真のねらいは中東民主化にあるともいわれた。

戦争に発展させる力とは

私は現在、財団法人・国際開発センターの会長職にある。センターでは国や国際機関、自治体などからの委託による開発・国際協力のための調査事業や、アフリカや東南アジア、中南米など一二〇か国に及ぶ地域で人材開発を中心にした活動をつづけている。

これらの地域では部族間の対立、宗教の違いなどから紛争が絶えない。領海や領土問題から派生する紛争も後を絶たない。紛争が起きても、人間はそれを戦争に発展させない知恵と力をもっているのである。だが、紛争を戦争に発展させるのも人間だ。

戦争に発展させる力とは、まず第一に各国が保持する武力＝軍隊である。紛争が生じると「どうして武力を使わないのか」といったナショナリズム（愛国主義）が台頭する。九・一一同時多発テロ直後のアメリカ世論がまさにそうである。世界経済の象徴であるニューヨークの世界貿易センタービルが破壊され、アメリカ人の生命が奪われるというテロ事件を前に、多くの国民ばかりかマスコミまでがいかなる反撃であっても無条件で正当なものとして受け入れたのである。

また為政者は、国民の政治的な不満あるいは日常的な欲求の解決など内政面で失策すると、有権者の目をそらすためにナショナリズムを煽り、「外敵」をつくりたがる。ブッシュ大統領はクリントン前政権のアル・ゴア副大統領と大接戦の末、最高裁の有利な判決を受けて大統領選に勝利した。二〇〇二年の中間選挙を控え、内政面では大統領としての正当性を強化し、外交面では対アフガニスタン戦争でウサマ・ビン・ラディンを捕えられなかったことに議論が及ばないよう、国民の目を外敵＝イラクに向けさせたことも否定できないだろう。

さらに軍事産業＝軍産複合体の存在がある。アメリカの軍需産業はアメリカ経済を支えている。アメリカの技術者や科学者の三分の一は軍事関連の仕事についている。アメリカは世界第一位の軍需品輸出国だ。国連安保理の常任理事国であるロシア、フランス、イギリス、中国も軍需品を輸出しているが、アメリカの軍需品輸出額には遠く及ばない。これらの軍需品の一部は闇商人を通じて国際市場に流れていく。こうした「武器商人」あるいは「死の商人」と呼ばれる人たちを含めた軍産複合体が、紛争を戦争に発展させる最大の勢力である。

軍産複合体は武器商人ばかりとは限らない。石油やダイヤモンド、ウラン、鉱石などの希少物質の利権をめぐってグローバル企業が紛争に介入し、武器を提供したり、軍隊を派遣することによって戦争へ発展することもある。先進諸国の石油資本がそうだ。紛争が戦争に発展するのは必ずといっていいほど、希少物質の埋蔵量が豊富な国や地域である。アメリカの対イラク戦争の動機が、「石油の利権」と「武器の在庫一掃セール」にあるといわれる所以である。

また、イラク戦争は、台頭するEUとの石油をめぐる覇権争いの側面もあると思われる。

産油国でなければ攻撃しなかった

私のオフィスにはイラク全土の地図が貼ってある。イラクの油田とグローバル企業の関係を詳細に示したものだ。イラクが世界第二位の埋蔵量を誇る産油国でなければ、アメリカはイラク攻撃に踏み切らなかったのではないかと考えている。日本や中国の政治・経済研究の権威であるアメリカの国際政治学者チャルマーズ・ジョンソンは、著書『アメリカ帝国の悲劇』（村上和久訳、文藝春秋、二〇〇四年刊）で次のように述べている。

「イラクの石油埋蔵量は、サウジアラビアに次いで世界第二位である。（ブッシュ）大統領も（ディック・チェイニー）副大統領も石油会社の元重役で、大統領の父親である（ジョージ・H・W・ブッシュ）元大統領も一九五四年にゼパータ海底油田会社を設立した人物であることを考えると、彼らが少なくともイラクの豊富な石油資源によく通じていると考えるのは筋が通っている。ゼパータ社はクウェート沖で最初に油田を掘った会社である。一九六三年、父親のブッシュはゼパータともう一社を合併させて巨大石油会社ペンゾイルを誕生させると、一九六六年、自分の持ち株を売って、大富豪になった。ヒューストンのハリバートン社は、ディック・チェイニーがまだ社長だった一九九八年と一九九九年になっても、サダムに約二三八〇万ドルの油田用器材を売っていた。こうした考えかたでいけば、息子のブッシュがイラクに執着するのはたぶんイラクの石油を手に入れたいから

だろう」（括弧内は筆者）

世界の石油消費量は一日に七五〇〇万バレル、アメリカはそのおよそ四分の一に当たる二〇〇〇万バレルを消費している。

また、『血と油』（マイケル・T・クレア著、柴田裕之訳、NHK出版、二〇〇四年刊）によれば、ブッシュ政権は、二〇〇一年五月、チェイニー率いるチームの「国家エネルギー政策」を発表した。それによると、軍事力と経済力の中核を占める石油確保のために、エネルギー面の安全保障をアメリカの通商・外交政策の最優先課題にするよう、政権に求めている。石油の国内供給率が低下する中、二一世紀になって外国産石油への依存率が五割以上に達し、その割合はさらに増え続けるのは必至だった。サダム・フセインが政権の座にとどまる限り、ペルシア湾岸が安定することはありえず、また、アメリカはイラクの石油生産量を増大させようがなかった。そこで九・一一以降、ブッシュ大統領はサダム排除を決定したのである。アメリカ政府高官は、イラク戦争開始の理由が石油にあると認めることは避けてきた。もし認めれば、戦争に対する世論の支持が著しく低下していたことは間違いない。マイケル・T・クレアは同書で以上のように述べているのである。

軍産複合体にとって必要な戦争

いったん戦争への道、軍産複合体への道へ進むと、逆戻りするのは容易なことではない。イラクのクウェート侵攻が発端となった一九九一年の湾岸戦争は、イラクのサダム・フセイン大統領を攻撃する格好の口実であった。イラクが石油市場を支配し、他の石油供給国を脅かすことがないよう、国際法を遵守させる目的と西側諸国の利害を守る目的が合致したのだ。

しかし、二〇〇三年の二度目のイラク攻撃は、誰の目から見ても必要のない戦争だった。湾岸戦争で多国籍軍に参加したフランス、ドイツ、カナダなどの西側諸国が、国連による大量破壊兵器の査察をつづけるべきだと訴えた。イラク戦争はアメリカにとっても必要のない戦争だったかもしれない。だが、アメリカの石油戦略と軍産複合体にとっては必要な戦争であった。その戦費は開戦当初の見積もりで七五〇億ドル（約九兆円）といわれた。その戦費や戦後復興費はどこに行くのだろう。テキサスやカリフォルニア、フロリダの軍事産業＝軍産複合体に流れ、最終的にはアメリカ国民の税金でまかなわれるのだ。

「国際法で定められた範囲内に戦争行為を限定してこなかったことで、アメリカ対外政策の軍国主義化も進んだ。二〇〇五会計年度のアメリカの軍事支出は四〇〇〇億ドルを超えると見積もられているが、これは全世界の軍事支出の四〇パーセントに当たり、いわゆる「ならず者国家」の軍事費合計の二八倍以上、合衆国に次ぐ軍事大国であるロシアと比べても、八倍となっている。こうした国防総省への不釣り合いな予算配分は、アメリカ社会全体に多大な軍国主義的影響をおよぼしている。経済や世論もこの影響を受けており、かつて「軍産複合体」の脅威を指摘したドワイト・アイゼンハワー元大統領の警告が、実体のあるものになってきている」

法軽視と安易な武力チェックを怠ってきたジャーナリズムの不正を、世界有数の高級紙「ニューヨーク・タイムズ」の記事に即しながら指弾した『「ニューヨークタイムズ」神話』（ハワード・フリール，リャード・フォーク著、立木勝訳、三交社、二〇〇五年刊）はこう述べている。

西側諸国が中東に介入する動機は、これまで石油が重要な役割を演じてきた。イラク戦争でもアメリカ軍の行動がそれを見事に立証した。イラクの首都バグダッドに進攻したアメリカ軍は、南部の油田を守るために恒常的な基地を建設する一方で、戦乱に乗じて国立博物館などから貴重な文化財を盗み出す略奪者たちに目もくれなかったのである。

イラクはメソポタミア文明の発祥地である。遺跡や文化財が戦火や略奪によってどのような状態になっているのか。内戦後のカンボジアでアンコールワット遺跡の修復を、国際開発センターで手がけていることもあって気になるところだ。

イラク戦争は「戦争を望む勢力」があからさまに存在することも立証した。国家の軍事業務を代行する民間軍事請負会社である。『戦争請負会社』（P・W・シンガー著、山崎淳訳、NHK出版、二〇〇四年刊）によると、「その市場収入は、年間一〇〇〇億ドルにも上る」という。

アメリカにとってこれまでも、全世界に駐留する軍事基地を運営維持するために、ハリバートン社などの民間軍事請負会社が欠かせない存在だった。ハリバートン社といえば、チェイニー副大統領が社長を務めた原油掘削・建設会社である。イラク戦争ではこれらの民間軍事請負会社の役割がさらに拡大した。

「戦争が始まる前に、民営軍事請負企業は図上演習と野外演習を米軍に対して実施した。侵攻の際、これがきわめて有効であったことが証明された。企業はまた、作戦用のミサイル発射台やクウェート砂漠の巨大なドーハー基地を建設し、これを運営した。戦争中には、兵站を運営し、またF－117ステルス戦闘爆撃機、アパッチ攻撃ヘリコプター、F－15戦闘機、U－2偵察機のような非常に高度な兵器の維持管理、燃料補給、武器搭載などで同盟軍の支援を行うなど、民間企業社員はさまざまに重要な役割を担った」（前掲書）

国家がいったん戦争を始めれば科学も、労働も人殺しのために動員する。いずれは民間軍事下請会社だけでなく傭兵の代わりをする「軍事ロボット」も出現するだろう。暗闇でも動くものに対して反応するロボットに撃たれて「戦死」する、そうした恐ろしい時代が目に浮かぶ。

自衛隊の海外派兵

既述したアメリカの軍事的一国主義に対する日本の反応は素早かった。小泉政権は同時多発テロ直後の二〇〇一年一〇月、アメリカ軍などによるテロ掃討作戦を後方支援するため、二年間の時限立法として「テロ特措法案（テロ対策特別措置法案）」を国会に上程し、短期間の審議で成立させた。

日本はこれまで、海部俊樹内閣が一九九二（平成四）年に「ＰＫＯ協力法（国連平和維持活動協力法）」、一九九九年には小渕恵三内閣が「周辺事態法（周辺事態安全確保法）」を成立させるなど、自衛隊の活動をより広範にしてきた。

しかし、ＰＫＯ協力法は紛争が終わったあとの事態に対応する性格のものであり、また周辺事態法は自衛隊の活動の対象地域が限られていることから、「テロ特措法」の整備が急がれたのである。同法は自衛隊の活動や範囲をさらに広げ、

一　戦闘中のアメリカ軍に武器・弾薬などの輸送や野戦病院での医療

二　戦闘で遭難したアメリカ兵の捜索や救助
三　難民キャンプでの医療活動

などを盛り込んだ。一と二の活動は、周辺事態法でも日本の領域と日本周辺の公海上に限って認められていたが、テロ特措法の成立によって、自衛隊は相手国の同意さえあれば、地球の裏側でも活動ができるようになった。同法に基づいて海上自衛隊の艦船がインド洋（公海）に派遣され、現在もアフガニスタンのテロ掃討作戦に参加しているアメリカ海軍艦艇などへの給油活動を行なっている。（テロ特措法は二〇〇六年四月に再び半年間の延長を閣議決定した。）

このテロ掃討作戦の後方支援をめぐっては、海上自衛隊の「イージス艦」をインド洋に派遣するかどうかの議論が一年以上もつづいた。アメリカ海軍が開発したイージス艦は、従来の護衛艦に比べて、飛躍的に高い対空警戒能力と情報収集能力をもっているからだ。

能力の秘密は、目標に対する攻撃を高性能のレーダーとコンピュータで自動処理する「イージスシステム」にある。冷戦のさなかでソ連軍の脅威が高まるなか、敵の航空機や艦船、陸上基地などから発射されるミサイルを撃ち落とすために開発した防空システムである。

イージス艦は、パラボラアンテナを機械的に回転させていた従来のレーダーと異なり、フェイズド・アレイ・レーダーと呼ばれるアンテナ面を固定した八角形の平面レーダーを四基搭載し、自艦を中心とする数百キロメーター以上の範囲で同時に二〇〇個以上の目標を捕捉し、同時に一〇個以上の目標を最大射程一〇〇キロメートルを超える迎撃ミサイルで攻撃する能力をもつ。目標を攻撃する対空ミサイルとアスロック（対潜水艦ロケット）は、前部と後部の甲板下に設置したミサイル垂直発射装置から発射され、これらのシステムで敵の目標物を捕捉して迎撃する。このリアクションタイムは、従来の二分の一以下に短縮された。

さらに海上自衛隊のイージス艦は、アメリカ軍の水上艦艇や航空機と情報を共有するデータリンクシステムで結ばれることから、アメリカ軍との一体化が進み、集団的自衛権の行使に当たるのではないかという懸念の声が強かった。しかし、小泉政権はそうした懸念をよそに二〇〇三年一二月一六日、イージス艦「きりしま」を横須賀港からインド洋に向けて派遣したのである。

現在、イージス艦を保有している国はアメリカを除くと、日本（四隻）とスペイン（一隻）の二か国だけである。海上自衛隊はさらに二隻の改良型イージス艦の追加を予定しており、一隻当たりの契約価格は従来の自衛隊主力艦の三倍に当たる一四七四億七一〇〇万円にのぼる。（以上、海上自衛隊のイージス艦については、古木杜恵氏の取材による。）

ストックホルム国際平和研究所が発表した世界主要国の軍事費（二〇〇三年）によると、第一位は世界の総国防費の四七パーセントを占めるアメリカの四一七四億ドル、四六九億ドルの日本はイギリス（三七一億ドル）、フランス（三五〇億ドル）、中国（三二八億ドル、同研究所の推定）、ドイツ（二七二億ドル）を抑えて第二位にランクされた。いまや日本の軍事力、とりわけ海上戦力はアジア随一というのが軍事専門家の一致した見解なのである。

小泉政権はアメリカとイギリスのイラク攻撃についても開戦当初から支持を表明し、二〇〇三年七月に「イラク特措法（イラク復興支援特別措置法）」を成立させた。このイラク特措法によって国連の要請がなくても、人道復興支援活動とアメリカやイギリス軍などの治安維持活動に対する自衛隊の後方支援が可能になったのである。

そればかりか、アメリカがイラク攻撃の根拠とした大量破壊兵器の存在やフセイン大統領とアルカイダの関係が否定された後も、「フセインなき世界はより平和になった」とするブッシュ大統領の戦争正当化論に同調している。二〇〇四年一月に開始された自衛隊のイラク派遣に関しては、陸上自衛隊はサマワでの活動を終えて無事帰還出来た。しかし航空自衛隊の任務は拡大され、アメリカの要請のもと危険な状況下での活動を余儀なくされている。ただただ無事を祈るばかりだ。

憲法で禁じられている作戦行動

自衛隊の発足から五一年が経ち、もはやその存在が違憲か合憲かの論争は成立しにくい。むしろ自衛隊の運用方法が憲法にかなうか否かの論議に移行し、テロ特措法やイラク特措法などが成立したことにより、国を守るはずの自衛隊がアメリカ軍の後方支援のために海外へ派遣される段階に入った。

いずれの法律も自衛隊の後方支援を非戦闘地帯に限定しているが、後方支援といっても実態は兵站である。しかも、戦争や紛争地での戦闘地帯と非戦闘地帯の線引きは曖昧にならざるをえない。自衛隊は戦闘時の外国領土に派遣する枠組ができたことによって、創設以来の歴史的転換期を迎えたのである。

アフガニスタン戦争の後方支援をするテロ特措法が成立した当時、防衛庁職員は次のようなシュミレーションを描いてみせた――海上自衛隊のＰ３Ｃ哨戒機がパキスタン上空を旋回しながら、テログループの攻撃を警戒する。さらに、パキスタン最大の軍港・カラチに待機する海上自衛隊の大型護衛艦「おおすみ」が船内にベッドを並べ、負傷したアメリカ兵をディエゴガルシア島や沖縄の米軍基地に搬送する。また、パキスタン国内に設営した野戦病院では、防衛大学卒の医官たちが治療に奔走し、武器を携帯した自衛隊隊員が負傷者や医官の警護をする……。このシュミレーションの一つでも実現することになれば、自衛隊の活動はこれまでの一線を越える。日本は国際社会から憲法で放棄した「集団的自衛権」を行使したと見られるのは必至だ。

自衛隊と在日アメリカ軍は、数十年にわたって合同訓練や軍事研究を積み上げてきた。とりわけ海上自衛隊とアメリカ海軍との合同訓練には目を見張るものがある。

洋上での給油作戦がそうだ。洋上給油は互いの艦船が同方向、同スピードで並航しながら、荒波の海上で給油ホースを渡して行なう。給油ホースや器機は日米で同一規格の装備を採用しているが、海上自衛隊の給油技術の熟達度はアメリカ海軍に勝っているといわれている。

さらに日米合同の演習で海上自衛隊のイージス艦は、アメリカ海軍第七艦隊の戦闘部隊に組みこまれて共同作戦をとる。仮に二隻のアメリカ海軍の艦艇と、海上自衛隊のイージス艦が洋上に展開し、アメリカ海軍の一隻は潜水艦の探索、残る一隻は陸上の目標物に砲撃を加え、さらに海上自衛隊のイージス艦は防空警戒の任務を負っているとする。

アメリカ海軍の艦艇と海上自衛隊のイージス艦は、情報を共有するデータリンクシステムで結ばれ、その中心には作戦司令を下すアメリカ海軍の司令官が陣取る。イージス艦が敵戦闘機をイージスシステムで捕捉すると、データリンクシステムで司令官へ伝えられ、迎撃命令が発せられる。このとき司令官は全権限をイージス艦の艦長に委譲し、艦長は防空戦闘指揮官となって、アメリカ海軍の艦艇にデータを示しながらミサイル発射を命じる。シュミレーションを基にした演習とはいえ、アメリカ軍は日本国憲法で禁じられている作戦行動を自衛隊に要求しているのである。（以上のシュミレーションについては、古木杜恵氏の取材による。）

中国脅威論について

中国脅威論が一部政治家やマスコミ、世論でとりざたされている。中国の急速な経済的成長、軍事費の毎年二桁増、東シナ海のガス田開発、反日教育、反日デモなどが原因として考えられる。

確かに中国には現在、さまざまな問題が山積している。しかし、脅威とは、他国を攻撃する能力と意思があってはじめて言えることである。中国は長期を見通して、他国と協調して経済発展していくことを国是としている。もし戦争になれば、ここまで発展させた努力が水泡に帰すからである。

中国という国の成立は抗日運動が原点であり、必ずしも恨みを煽るということでなく日中戦争の歴史を重視するというのは理解できる。一方、朱建栄氏（東洋学園大学教授）は、

『胡錦濤　対日戦略の本音』の中で、中国の教科書問題の大家、鐘啓泉教授の話として、「反日の内容を増やせという指示を受けたことがない」「日本に関する叙述は、九〇年代半ば以降確かに増えている。しかしこれは教科書のサイズがＢ六判からＢ五判に変わり、歴史を含めた教科書の記述量が増えたためのものである。パーセンテージで見れば日本関係の部分が増えたとはいえない。しいて近年の動向を挙げれば、戦後日本に関する紹介は格段に増えている」という事実を紹介している。また、中国の内政としての台湾問題という位置づけも理解できる。したがって台湾で有事のさい、日本政府がアメリカに加担する姿勢を示して、中国の強い反発を招いたのもうなずける話だといわざるをえない。

唐家璇国務委員に会ったとき、「中国の中華意識を捨ててください。ヨーロッパはローマ文明が中心だったが、今日、イタリアは自分が中心だとは思っていない。中国もそうあるべきだ」と私は率直に要望した。彼は、その通りだと言っていた。

中国の脅威をいたずらに煽りたてるのではなく、日中間の相互信頼を高める努力が今何より必要なのだと私は思う。

日米安全保障条約は日本の安全保障の要であることは間違いない。しかし、前述のように、それはアジアの平和、ひいては世界の平和を維持することを前提にしたものであり、戦争のための条約ではない。日本がいま、世界に問うことが出来るのは「平和」である。日本は平和国家として六〇年間の実績がある。日米安全保障条約は一方的にアメリカの軍事力を頼っているのではない。基地の提供、思いやり予算をはじめ、日本の負担は大きく、条約を忠実に守っており、立派に双務的だ。リアルポリティックスからいっても、日本は世界の世論が支持している憲法九条を改定すべきではない。アメリカの力はますます強くなるだろうが、日本がアメリカに対して〝問う力〟を失ったら、パックス・アメリカーナ（アメリカによる平和）の下で従属国になってしまうのだ。

北朝鮮の弾道ミサイル開発、あるいは北朝鮮籍とされる不審船事件の頻発、さらには九・一一同時多発テロの発生によって、世界的に国際テロの脅威が認識された。日本ではこれまでくすぶりつづけてきた有事法制の議論がにわかに高まった。有事法制とは武力衝突や侵略を受けた場合、軍隊（自衛隊）の行動を規定する法制のことである。

しかし、圧倒的な軍事力を誇るアメリカでさえ、九・一一同時多発テロ事件を防ぐことはできなかった。戦争に備えた軍事力は、テロに対する抑止機能を果たせなかったのである。しかも、ＭＤシステムの徹底配備や軍事衛星の活用などにかかるコストは膨大である。さらに軍事力によるテロ対策を強化すれば、より監視社会化が進み、国民がその窮屈さを容認できるかという問題も生じるだろう。

ブッシュ大統領は、国際テロリストを根絶するための「新しい戦争」を戦うと繰り返し、世界を「善」と「悪」の二極に分け、アメリカの軍事行動の正当化を主張している。そうしたアメリカの単独主義は、多様な価値観の共存を不可欠とする二一世紀の国際社会には適合しないのである。

北朝鮮問題をどう考えるか

政治は国民を安心させ、自信を持たせることが基本的姿勢になくてはならないが、しばしば、政策目標を達成するために、国民を不安にさせ、危機感を煽る手を使う。北朝鮮問題がそれに当たると思う。北朝鮮のミサイル発射実験に対する日本の反応を見て、世界各国は、なぜあれほどナーバスなのか、という見方のほうが強い。隣国の中国やロシアでさえ、そのように言っている。ミサイル演習はどこの国でも行なっていることである。核実験とは違うのに、なぜ大騒ぎするのか。

かつての冷戦時代に、北海道がソ連軍に侵略されるという議論があった。実際の主戦場はヨーロッパだったことは、アメリカもヨーロッパもソ連も認めていた時、日本だけは北海道の防衛に血道をあげた。同じような問題が今回のミサイル発射騒動にもある。

北朝鮮はアメリカに二国間交渉を求めて発射演習を行なっている。日本向けに行なっているとは、国際的には誰も思っていないだろう。二国間協議に応じようとしないのが問題だが、アメリカは北朝鮮問題を先送りしようと考えている。そのため当分のあいだは、外交政策上、日本にイニシアティブをとらせ、緊張関係を作らせているのかもしれない。そうなると日韓、日朝関係も難しくなる。

日本の保守政権は、北朝鮮をイラクと同様の国と認識させて、改憲や軍備増強のため利用しようと考えているのかもしれない。それは見分ける必要がある。

平和憲法を持つ日本は、経済制裁は行なうべきではない。政治体制、経済体制の違いを批判するのはどこの国も自由だが、内政干渉には慎重であるべきだ。国連憲章でいえば、経済制裁は武力制裁に次ぐ、勧告や非難決議以上の大変重いものだ。日本はこれを安易に使っている。経済制裁をすれば、相手国民に敵意をもたれてもしかたないことになってしまう。北朝鮮問題は、靖国どころの話ではなく、あの安倍という政治家のもっとも危ういところの一つだ。

拉致問題を国際社会に訴えるのは当然である。しかし政府がこれを政治問題に利用するのは問題である。ナショナリズムの高揚に利用している。かえって拉致問題の解決も行き詰まってしまう。核放棄を促し、国交正常化を急いで、その中で交渉によって解決すべきである。いずれにしろ、交渉によってしか解決できないのだから。にもかかわらず政府は、国交回復しにくい状況をみずからつくりだしてしまった。

靖国問題は、中国と韓国・北朝鮮では国民感情からいって、受け止め方がまったく違う。韓国・北朝鮮の人々にとっては、あのA級戦犯一四人だけが問題なのではない。彼らの国は当時、植民地として、日本人と一緒に中国で戦争を強いられていた。戦死者は靖国神社に祀られた。恨《はん》という感情がある。中国と違って、A級戦犯を分祀すれば解決するという問題ではない。

そういう事実を知っているかどうかで、韓国・北朝鮮に対する接し方が違ってくる。かつてドイツの元首相シュミットさんによく忠告された。日韓、日朝の国交回復はできるが、イギリスとアイルランド、フランスとアルジェリアのように、国民同士の緊張関係は続く、隣りの国を植民地化した国はかなり苦労するよと。

日朝問題はアメリカの代理紛争化の様相を呈してきた。その文脈で、MDシステム導入問題など、保守政権にとっては国民の支持を得るのに有利な状況になっている。しかし、MDシステムを仮に北朝鮮に対抗して導入しても、次に中国に対してはどうかと、必ず話が進む。お互いの軍拡競争が際限なく続いていく可能性を自らつくりだしてしまう。国力を傾けてもかまわないということであればできるかもしれない。しかし、日本経済にとっても大きなマイナスだろう。

憲法九条を持っている国らしい外交、経済システムをもつべきである。拉致問題の解決はもちろん大事だが、北朝鮮との国交正常化が優先順位の第一にくるべきである。その優先順位を間違えないこと。安倍氏はそれを意識的に悪用しているように思える。

改憲のために、「脅威」を必要としている勢力が存在している。「脅威」を振りまくこと自体が問題である。それは政治の本来のありかたではない。

他国の視線は一変する

自衛隊は軍隊ではない――そうした議論はもはや成り立たなくなってしまったようだ。一方で、自衛隊は今や装備も量も世界一級の軍隊である。各自衛隊の二〇〇四年度末における実勢力を『防衛白書』で見ると、陸上が一四万八〇〇〇人、海上四万四〇〇〇人、航空四万六〇〇〇人の合計二三万八〇〇〇人（この他に即応予備自衛官が七八〇〇人）。その装備は、航空自衛隊が世界でも第一級の戦闘機といわれるアメリカ製のF－15主力戦闘機を二〇三機、一機で一〇〇億円もするアメリカ製のE－2C早期警戒機を一三機、一機五四〇億円を上回るE－767早期警戒管制機四機を保有している（いずれも二〇〇五年三月三一日現在の国有財産台帳数値）。

また、海上自衛隊は前述したように一隻一六〇〇億円以上もするイージス艦を四隻（さらに二隻を建造予定)、潜水艦(ディーゼルと通常推進型)もイギリス海軍(すべて原子力推進型)を上回る一六隻を保有している。さらに、陸上自衛隊の戦車などの装備もイギリス陸軍をしのいでいる。日本は間違いなく、世界第二位の国防予算に相当する強力な軍事力をもつ国である。もはや「自衛隊は軍隊ではない」というのは詭弁であろう。

とはいえ、近隣のアジア諸国は、創設以来、国権の発動として他国の人を殺したことのない自衛隊の存在に不安を感じているとは思えない。自衛隊もこれまでは専守防衛に徹して装備や訓練を行ない、日本国憲法に忠実であった。海上自衛隊の装備がそうだ。アフガニスタン攻撃の後方支援で海上自衛隊の補給艦がインド洋に派遣されたが、その能力を発揮できずに、慌てて日本へ帰還したという。これはインド洋に派遣された司令官から直接聞いた話である。

政府の見解によれば、日米安保条約が適用される範囲はフィリピン以北、朝鮮半島周辺までの極東と限定されてきた。海上自衛隊の作戦行動範囲は日本近海、最大でもハワイまでだった。このことから海上自衛隊の艦艇は、北太平洋に展開することを前提に建造されたのである。南方海域に展開する条件では建造しなかった。そうしたことから海上自衛隊の補給艦といえども、海水温の高いインド洋の冷却水では思うように能力を発揮できなかったのである。これには自衛隊をどこにでも派遣できると考えていたアメリカも驚いたという。

さらに、海上自衛隊はこれまで小型の補給艦しか建造してこなかった（二〇〇四年三月に就役した新型の補給艦「ましゅう」は世界でも一級の艦隊補給艦）。財政的にあるいは技術的に大型艦の建造が不可能だったわけではない。専守防衛を建前としてきた防衛庁や海上自衛隊が政治的に配慮し、自粛してきたのである。また、航空自衛隊の戦闘機や支援戦闘機の航続距離を伸ばすための空中給油機の導入も、二〇〇二年度から装備されるようになったが、それまでは近隣諸国に脅威を与えるとの理由から装備が延期されてきた経緯がある。

仮に中国をはじめ近隣諸国が日本に対して敵意をもっていたならば、世界一級の装備と量をもつ自衛隊の存在が気になるところだろう。しかし、これまで専守防衛の旗を掲げてきた自衛隊に対して、近隣諸国からその装備や軍事力を問題視されることはなかった。少なくとも海外に出て行かない自衛軍＝自衛隊に対して警戒感を抱いていなかった。自衛隊が自衛のための軍隊であることは国際的にも認められているのである。

ところが、平和憲法を変え、さらに軍拡に踏み出し、自衛隊を軍隊として海外に出兵するような事態になると、日本に対する他国の視線は一変するだろう。同盟国のアメリカもおそらく自衛隊が軍拡に走ることを嫌がるだろう。とりわけ近隣のアジア諸国は自国の軍隊と日本の自衛隊の戦力を比較し、自衛隊に対する警戒心を抱くようになるにちがいない。近隣諸国は日本が有事立法を成立させたことで、自衛隊がアメリカ軍と行動をともにするのではないかと懸念した。それが現実のものとなったのが、アメリカの要請に追従した自衛隊のイラク派遣である。

アメリカの戦争を手助けするための法律

有事の基本法（武力攻撃事態対処関連三法）が二〇〇三年六月に施行された。有事法制の整備は一九五四（昭和二九）年に防衛庁が設置されて以来、長年の懸案事項であった。しかし、有事への対処を優先するために私権を制限したり、平和憲法との整合性から、その制定については長年にわたる論議があった。

ところが、小泉政権が国会に上程した有事関連三法は、北朝鮮のミサイルや九・一一同時多発テロの脅威、さらには自民公明の与党優勢の国会情勢と野党第一党の民主党の賛同もあり、大多数の議決をもってあっけなく成立したのである。

有事法制は、それがいったん発動されると事態をエスカレートさせ、戦争が起きないと困るような状況を生み出す懸念が強い。ちょうど地震予知と同じである。いったん予知してしまえば予知を解除することは容易ではない。解除後に地震が起これば責任を問われる。起こらなければ、予知によって被った損害の責任を問われる。予知者は地震の起こることをひたすら願うのである。国民の土地や家、さらに国民の自由と人権は憲法や法律によって守られている。しかし、自衛隊や在日アメリカ軍から見れば、それでは自由に活動ができない。戦車が公道を走る場合も道路交通法を順守しなければならない。そこで武力攻撃事態に（その恐れがある場合も）命令書が一枚あれば、なんでもできるようにしたい。それが「有事法制」であろう。

日本の安全とはまったく関係ない武力攻撃事態も考えられる。たとえば、アメリカがA

国との関係が険悪となり、A国付近の公海上に展開するアメリカ軍の艦船に自衛隊が補給をする。A国は当然、アメリカ軍に協力する日本を敵国視する。日本はA国から武力攻撃の恐れがあるとして、アメリカ軍とともにA国に先制攻撃を加えることにもなりかねないのである。あるいは前述したように、ブッシュ大統領の「悪の枢軸」発言で名指しされたイラク、イラン、北朝鮮に共通するのは大量破壊兵器の開発である。仮にアメリカがこれらの国を攻撃したとき、自衛隊がアメリカ軍の後方支援をする。攻撃された国は自衛権を行使して、当然のごとく在日アメリカ軍や自衛隊の基地に反撃する。それに対する日本の応戦が、はたして集団的自衛権といえるのだろうか。本来、集団的自衛権は自国か同盟国が他国や他国家群から攻撃を受けた場合、同盟国と共同で武力行使を排除できる権利である。

有事になった場合、誰も国が緊急体制を敷くことを否定はしないだろう。しかし、成立した有事法制は、端的にいえばアメリカが戦争をしたとき、日本がその戦争の手助けをするための法律である。それは自ら危機をつくり出す、介入型の武力攻撃事態対処法になりかねないのだ。

しかも動員されるのは自衛隊員に限らない。国民も燃料や武器を運んだり、仮設住宅を造ったり、負傷した兵士の手当などに駆り出される。兵士の手当が優先され、一般市民の病気の手当は後回しにされるかもしれない。自宅を自衛隊やアメリカ軍の軍事物資置場として接収されたら、自宅が取り壊され、替わりの住宅に引っ越さなければならない。拒否すれば刑務所に収監されるのだ。

さらに言えば、攻撃を受ける可能性があるといって、政府が国民を徴用したり、財産を徴発したりして何も起きなかったらどうなるのか。行政訴訟が相次ぎ、戦争が起きなければ収拾がつかなくなる。沖縄県の地元紙で「戦争法」という呼び方を目にしたが、そのほうが、よほどこの法律の本質を表していると思う。

アメリカの国益のために戦う海外派兵

軍備は戦争の抑止力につながると主張する改憲論者がいるが、自衛隊と軍隊の性格は明らかに違う。第二次世界大戦以降、各国は戦争への反省から軍隊の権限を憲法や法律で明確に拘束してきた。独裁者が勝手に軍隊を使わないよう、民主主義の代表である文民の命令なしでは軍隊が動けないシビリアン・コントロール（文民統制）がそうである。

ところが、冷戦が終焉し、とりわけ九・一一同時多発テロ事件以降、各国の軍隊は国境線を守る国防軍から、国益を守る軍隊へと転換した。軍隊が国土を守る国防軍であれば、各国は他国あるいは他国家群が国境を越えてくる想定で、国境線に自衛の軍隊を置いた。しかし、国益は国境線では計れない。その国の輸送ルートや市場、石油資源なども含まれる。各国の軍隊は国益を守ると宣言した途端に、緊急展開部隊あるいは紛争介入型の軍隊に転換するのである。

紛争を戦争に発展させないのが人間の知恵だ。私は世界から紛争がなくなるとは考えていない。グローバル化した企業も生存を賭けた競争をしている。だからといって、アメリカの単独主義にみられるように世界を「善」と「悪」の二極に分け、軍事行動を正当化すれば、そうした知恵は成り立たなくなるのである。戦争になれば利益を得るのは軍産複合体だけで、他の産業は窮地に陥ってしまう。

自衛隊はシビリアン・コントロールだから、かつての日本軍のように暴走はしないといわれる。しかし、シビリアン・コントロールは必ずしも戦争の抑圧形態ではない。むしろ軍部と軍需産業が密接な関係をもつ軍産複合体にとって格好の環境である。戦後の日本は軍産複合体をつくらず、国権の発動として誰一人殺さず、しかも世界第二位の経済大国になったが、その実績こそが紛争を戦争に発展させない知恵である。

アメリカの一国主義、スーパーパワーの時代に憲法を改定し、軍拡と海外派兵に進むことは、いったいどんな意味をもつのだろう。結局、アメリカの国益のために戦うこと以外にはないだろう。イラク戦争が如実に示したように、いずれ日本もアメリカを問わざるをえなくなると思う。それはけっして、アメリカに逆らえということではない。しかし、平和主義は守るべきである。もし、アメリカがそれを「けしからん」と言うのであれば、それこそ、そこから日米の本当の意味での外交が始まるのである。

アメリカ軍は本気で日本を守るのか

改憲派の人びとは、アメリカからの強い要請もあり、良好な日米関係を維持するために憲法九条の改定が不可避であると言う。果たしてそれは妥当な選択なのであろうか。

前述のように、むしろ冷静に考えるべきことは、現在のアメリカは自身も認めているように戦時体制に入っている国家という点である。戦時国家にとっては、戦争に勝つことが至上価値であり、人権や自由の圧殺も厭《いと》わない。戦時下においては、人のいのちでさえ、敵国人はもちろん、自国人のそれも勝つためには犠牲にされるのである。

アメリカは歴史上、極端な方向へと振り子が振れた後には、民主主義の力によって何度もゆり戻しがあった。そうした意味で、イラク戦争中という特殊な状況下での日本に対するアメリカの要請を過大に評価すべきではない。このような時に、急いで憲法を変えるなど、一番やってはいけないことである。戦時国家からの要請で国の骨格である憲法を「改定」するならば、必ず禍根を残すことになると思う。

戦後、日本国憲法の下で「国権の発動たる戦争」を否定してきた日本の経験はなにより貴重だ。それは戦闘を経験しなかったということだけではなく、経済的にも大きな意味をもってきた。とりわけ日本が終戦の廃墟から復興し、世界第二位の経済大国になった過程で、軍産複合体が存在しなかったことは重要である。もし、軍産複合体が存在していたならば、軍需優先のいびつな産業構造となり、日本経済の成長は実現していなかったであろう。

戦後日本の平和がなぜ可能になったかを考えるうえで、平和憲法の存在と国民がそれを守ろうと努力してきたことは、きわめて重大な意味をもっている。「日米安保ただ乗り」ではいけないと、まことしやかに主張する人がいるが、日本は一方的にアメリカに依存してきただけなのだろうか。日本は東西冷戦の最前線基地としての役割を担い、朝鮮戦争やベトナム戦争で西側の兵站基地として機能してきたことは事実だ。安保条約を厳格に守って全国に米軍基地を抱え、沖縄には在日米軍施設の七五％が集中している。

そればかりか、日米地位協定（在留米軍の日本国内での地位、施設・区域の使用要件などの取り決め）でも規定されていない「思いやり予算」（日本に駐留する米兵の住宅経費や光熱費、基地内の日本人従業員の賃金などの経費を日本側が負担していること）によって、日本が莫大な出費をしている。この「思いやり予算」はアメリカの国益でもあり、「安保ただ乗り」という批判は当たらない。ストックホルム国際平和研究所が作成した資料によると、アメリカが軍事基地を置いている同盟二五か国の駐留費分担額＝ホスト国支援額（二〇〇一年）の合計は七四億五〇〇〇万ドルで、その六〇パーセントを越える四六億ドルを日本が負担している。日本の突出した負担額はドイツ、イタリア、スペイン、イギリスなどを含むＮＡＴＯ（北大西洋条約機構）諸国の駐留費分担額の三倍にのぼるのである。

今やアメリカの要求は基地の提供だけでは済まなくなり、日本は一九九一年の湾岸戦争で戦費を拠出した。政府は集団的自衛権の行使に当たらないと強弁したが、日本は憲法を変えることなく、さらに一歩踏み込んでしまった。その後もアメリカの対日軍事要求はエスカレートして、軍事力の提供を迫られた日本は、一九九九年に日米共同の新しい戦争マニュアルといえる「ガイドライン関連法」を成立させた。さらにアメリカの要求に拍車をかけたのが九・一一同時多発テロ事件である。既述したイラク特措法や有事法制が成立し、二〇〇五年九月の解散衆院選で大勝利した小泉政権は、特別国会で新たに設置された衆院憲法調査特別委員会で、憲法改定の手続きを定める「国民投票法案」の議論をスタートさせた。与党案は国民投票を「憲法改正」に限定し、投票権者は二〇歳、さらに教育者などがその地位を利用して国民投票の賛否を求める運動を禁じている。

二〇〇五年一二月一二日、中国は二度目の有人宇宙船「神舟六号」を打ち上げ、二人の宇宙飛行士が五日間の宇宙旅行の後、無事帰還した。この日は小泉首相が靖国神社に参拝し、この中国の「神舟六号」の打ち上げの報道は日本では大きなニュースにならなかったが、アメリカではビッグ・ニュースになった。神舟六号を打ち上げた長征2Fロケットが、アメリカ本土に届く大陸間弾道ミサイルの開発と認識したからである。

冷戦時代のアメリカはソ連の大陸間弾道ミサイルの脅威を安全保障の要に据えた。いまアメリカ本土に届く新たな大陸間弾道ミサイルの脅威に曝されたとき、アメリカ軍は本気で日本を守ろうとするのだろうか。日本を中国から守るために軍事行動を起こした場合、アメリカ本土も攻撃の標的となる。いまイラクとの戦時下にあるアメリカは、日本を戦争に動員しようと九条二項の撤廃に積極的だが、アメリカ本土が攻撃を受けるようなことになれば、日米の軍事同盟も変質せざるをえないだろう。日米で交渉がつづいている米軍再編問題も、こうしたアジア情勢を前提にしていると見ざるをえないのである。

Ⅳ　9条がつくる21世紀日本のかたち

ボロボロになった9条2項

一九九〇年代の末から勢いを増した今回の憲法改正論議は、イラクへ自衛隊を派遣した途端にその動きが加速した。その理由はどこにあるのだろうか。自衛隊を紛争地のイラクへ派遣して、改めて憲法「九条」が大きな壁になっていることが分かったのである。

自衛隊は実質的に軍隊としてサマワに展開したが、復興支援や後方支援など国際貢献の名目で駐留していた。治安維持には携わっていなかった。したがって人を殺してもいないし、殺されてもいない。戦争のできない軍隊だから、サマワの宿営地が迫撃砲で攻撃を受けたときも、隊員たちは装甲車の中に閉じこもるしかなかった。交戦権を認めない憲法九条に縛られているからである。自衛隊の海外派遣が可能になったことで九条はボロボロになったが、けっして形骸化はしていないのである。

戦後の日本は「平和憲法」のもとで目覚しい発展を遂げてきた。「平和憲法」は日本の国家目標であり、国家理念であったのである。何よりも戦争放棄を国民が決意したことが最大の支えであったのである。しかし、支配政党や支配階級はそうした決意を一度もしたことがない。これが戦後六〇年の大きなねじれである。支配政党である自民党は「陸海空軍その他の戦力は、これを保持しない。国の交戦権は、これを認めない」と規定した憲法九条二項の廃止を党是としてきた。しかし、国民の決意を前に九条第二項を廃止することができなかった歴代政権は、特別措置法や有事立法などの解釈改憲で自衛隊の活動を拡大してきたのだ。憲法を改定することなく、自衛隊を地球の裏側まで派兵することを可能にしたテロ特措法がそうだ。自衛隊の海外派兵が可能になったことで九条二項の旗はボロボロになったが、その旗竿をまだ国民は握って放さない。

ところが、二〇〇五年一〇月二八日に発表された自民党の「新憲法草案」は、戦争放棄を定めた現行憲法の第九条一項は維持したものの、戦力の不保持を宣言した九条第二項を全面改定して「自衛軍」の保持を明記した。「国際社会の平和と安全を確保するために国際的に協調して行われる活動及び緊急事態における公の秩序を維持し、又は国民の生命若しくは自由を守るための活動を行うことができる」との表現で、自衛軍の海外での武力行使を伴う活動にも道を開いたのである。

今回の草案に「集団的自衛権の行使」は明記されなかったが、事実上は集団的自衛権の行使を認め、その要件や範囲などについては、今後制定する「安全保障基本法」などで具体的に定めるとしている。小泉氏の後継の安倍氏の場合は、「集団的自衛権」を憲法「改定」を待たずに行使できる手続きをさえとろうとしている。また、小泉首相の靖国神社参拝をめぐって論議が起きている「政教分離」の原則を緩和し、衆参両院の三分の二以上の賛成を必要としている憲法改正の発議要件についても、過半数に引き下げた。さらに、草案の前文には「日本国民は、帰属する国や社会を愛情と責任感と気概をもって自ら支え守る責務を共有」するとして、「徴兵制」復活に道を開きかねない一文が盛りこまれた。日本経団連などの経済三団体は、この自民党の新憲法草案を評価し、《経済同友会の北城恪太郎代表幹事は「民主党をはじめ各党も改革競争に遅れをとることなく、憲法改正に向けて本格的な協議を進めてほしい」とのコメントを発表》（朝日新聞、二〇〇五年一〇月二九日付）した。いよいよ九条二項の旗竿を国民の手から奪おうとしているのである。

戦争のできる国へ

アメリカのブッシュ政権にすれば、スペインやオランダなどの同盟軍がイラクから撤退していくなか、自衛隊が戦えない軍隊とはいえ、サマワに駐留しつづけた政治的な効果はけっして小さくなかっただろう。一方で、武力行使ができない自衛隊に対する苛立ちも隠せない。ブッシュ政権の中でも穏健派といわれたパウエル前国務長官やアーミテージ前国務副長官が、日本は国連の安全保障理事会の常任理事国になって大国の一員としてアメリカと同等の関係になりたいなら、九条を改定して集団的自衛権を認めるべきだと発言したことからも明らかである。

憲法改定の狙いがアメリカの戦争に協力し、海外へ軍隊を派兵して戦争のできる国＝軍事大国化にあることは既述した。日本の財界にもアメリカに劣らず、軍事大国化＝九条改定の要請が根強い。経済大国として海外に展開する日本企業の安全や権益を守るため、また「普通の国」として西側諸国に認められるため、武力の行使ができる軍隊を必要とする要求が強まっているのだ。背景には、冷戦の終結後、市場経済が世界的に拡大して生産の国際化が進み、資金や人や資源や技術などの生産要素が国境を越えて移動するグローバリゼーションがある。日本に先駆けて世界各地に生産拠点を移したアメリカのグローバル企業は、アジア・太平洋地域をカバーするアメリカ海軍第七艦隊などの強大な軍隊に支えられているのである。

自衛とは、国土と国民を防衛することである。国連憲章の第五一条は、加盟各国に武力の行使が行なわれた場合、安全保障理事会が必要な措置を講じるまでの間、国家固有の権利として、個別的自衛権と集団的自衛権の行使を認めている。個別的自衛権とは、他国からの侵略を自力で排除すること。集団的自衛権は自国か同盟国が攻撃を受けた場合、同盟国とともに武力攻撃を排除できることだ。

戦時中の日本は、満州が「自衛の生命線」として自衛権を拡大した。これは明らかに国際法が否定している。国連憲章の立法精神からいっても、国連が自衛のための戦争と認めない限り、先制的な自衛権の発動はありえない。だからこそ国連憲章の五一条は「武力攻撃が行なわれた場合に自衛権をもつ」と過去形で書かれているのである。

あってはならないことだが、仮にアメリカが悪の枢軸国と名指した北朝鮮に対して先制攻撃に出たとする。北朝鮮は当然、個別的自衛権に基づいてこれに応戦する。その矛先が日本に及ぶと在日米軍基地を攻撃する。そこで日本が攻撃に応戦することが、はたして集団的自衛権の行使といえるのだろうか。

世の中がどんなに進化しても、民族や宗教、文化、習慣、歴史認識などの違いから紛争は絶えない。世界から紛争が絶えるとも思えない。日本も北方領土や竹島、尖閣諸島などをめぐって、近隣諸国との領有権問題を抱えている。

こうした紛争は、国際裁判所の裁定に委ねるのが、これからの国際社会の解決方法ではないだろうか。領土問題の解決ができるような国際裁判制度の確立に努力しながら、辛抱強く待つことが外交努力というものである。政治的に領有権を放棄したり、妥協する必要はない。それでは紛争の解決にならない。紛争が起きても戦争に至らない世界はつくれるはずなのである。

戦後日本の四つの国家目標

憲法を改定すべきかどうかを考えるには、まず、国家が掲げる目標（進路）を十分に吟味することが必要である。これまで掲げてきた国家の目標は何だったのか。その目標はどこまで達成されたのか。さらには目標の転換、あるいは新たな目標の設定が不可欠なのかどうか。そこで、現行の憲法がどうしても国家目標の妨げになるのであれば、現行憲法の改定を否定はしない。

私は戦後日本の国家目標を大きく四点に整理している。「平和国家」「民主国家」「経済大国」「中産階級国家」の四点である。これからの日本の進路を考えつつ、これまでの国家目標を検証してみよう。

「平和国家」としての日本の、この六〇年の歩みはけっして平坦ではなかった。何度も述べているとおり、国家主権の発動として外国人を一人も殺さず、自衛隊は専守防衛の一線を守り通してきた。東西冷戦というきびしい国際情勢下にあり、次々に核武装する国家が現れて、核の脅威に、人類の絶滅の危機さえ云々されたこの時代に、よくぞ「平和主義」を貫きえたと誇らしく思うとともに、「憲法」と「国家目標」の見事な一致にあらためて思いを致さざるをえない。

世界で第二位の経済力を持つこの国が「平和国家」をあくまで志向することほど、二一世紀の世界の宝はあるまい。この小著を通して訴えているとおり、この「平和主義」こそこれからも日本の国家目標の最高位に位置するものであるべきだ。

「民主国家」としての歩みは、何よりも国民主権を明記した憲法により、戦前とは画然と区別されるべきものであった。選挙制度、議員内閣制、三権分立等、民主主義的諸制度は欧米先進国以上と言っても過言ではあるまい。しかしこの国の政治風土はけっして民主主義の成熟した国家と呼べる状況には達していない。たしかに全ての法律は国民の選んだ国会の審議、立法をまって初めて成立する仕組みは厳然と確立している。だが法案を作り、それを国会で審議するお膳立てを準備し、原案どおり通すための準備も全て官僚がやっている事実を見るにつけ、民主主義ではなく「国会主義」と言いたくなるのが現状だ。主権者たる国民も、政策よりも世論、さらには世論よりも人気に流される傾向を否定出来ない。政界の汚職も後を絶たず、政治不信の念は拡がっている。このままでは、国民主権ではなく、国家指導者（フューラー）を待望する危なささえ指摘せざるをえない。かつてワイマール国会がヒトラーを選んだ歴史を忘れてはならない。あるべき民主主義国家を目指すことは国家目標として不可欠であろう。

「経済大国」を実現しようとする国家目標は、あの焦土と化した敗戦直後の日本経済の実情からはとうてい思いつきようのない壮大な夢であった。しかし米軍占領下にあっても、日本の官僚体制は解体を免れ生き残った。戦時下、国家総動員法のもと、徹底した生産増強と完全な計画経済、統制経済を実施してきた行政手腕を今度は全て国家経済の成長に向かって集中し、その実現に取組んだ。あたかも経済戦争、通商戦争を闘っているがごとくであった。折しも国際情勢は緊迫し、朝鮮戦争、東西冷戦を迎えていたが、これらはこの国の成長を促進すべく作用し、また成長のファクターとして不可欠の労働力に関しては、復員兵士は別としても、若年優秀労働力の調達には事欠かなかった。

すでに一九七〇年代後半にはＧＤＰで世界二位、そして八〇年代には一人当たりＧＤＰは世界一位という、まことに史上稀れな経済成長をとげ、「経済大国」を実現したのである。


しかし、この「経済大国」は「成長至上主義」の産物であり、経済成長そのものが目的化され、価値判断の基準となる。世界の課題、国際社会の課題、国家の課題を立派に果たしうる力を持った「経済大国」が、さらに成長成長と唱えることの矛盾を考える時、私は「成長の呪縛」から脱すべき時代に入ったと言わざるをえない。ましてや国際情勢が東西冷戦終結を機に激変し、西側諸国の兵站基地としての日本の存在理由が失われ、豊富な労働力という成長の最大要素が、今や少子化を論議せざるをえない状況にあることを見れば、なおさらである。九〇年代からの「失われた一〇年」の国民の閉塞感の根底にも、「成長の呪縛」に捕らわれた国民が、次のビジョンを描けないもどかしさ、悩み、苦しみを指摘せざるをえないのである。

次の「中産階級国家」はむしろ「修正資本主義」と呼んだ方がより正確かもしれない。

経済成長を求めながらも、その成長の成果の配分にあたっては、出来るだけ国民全体に及ぶように税制・財政をフルに使ってきたのである。けっして資本家のための経済成長を目指したのではなかった。

成長を目指せば、産業間、都市農村間で、当然のこととして発展に伴う格差が出て来る。その格差を出来る限り抑えようと努めた。税制・財政を動員した主体は官僚であるが、政界も与野党を問わずこれを推進した。当然ながら与党は成長政策を独占していたが、配分政策では野党の言い分にも耳を傾け、成長から取り残される分野からの支持も受けつづけた。この国が修正資本主義の道を選んだことに労働組合が大きく与《あずか》ったことは言うまでもない。

このようにして日本は一人当たりのＧＤＰが世界一位であり、かつ格差の少ない社会を築き上げてきた。いわゆる「中産階級」と呼ばれる層の厚い国家となったのである。

しかしこの「中産階級」は市民革命で生まれた「市民階級」ではない。国家の税制・財政を通じて作られた階級である。「俺たちが社会を支える、国家を支える」「俺たちは自立出来る。国は俺たちではなく、本当の弱者のために金を使え。貧困を救え、病人を救え、老いた病人を抱えている家庭を救え」と言うどころか、「俺たちにもっとよこせ」と、国の税制・財政に要求する階級にとどまり続けている。これではこの国の財政はもたない。その上、万年与党の自民党の基盤になりつつある。と言うより、この層が要求しつづけ、それを聞きつづけるところに自民党の存在理由があるのである。

しかし、この中流階級の階層にも格差が拡がり始めた。いま目前で進行中の小泉、竹中流の「改革」は、一体誰のためのものなのか、改革で得するのは誰なのか、自分たちも切捨ての対象になりつつあるのではないか、改革で作り出される社会は「共生」とは程遠い弱肉強食、グローバル企業、外資系企業の思いのままの社会ではないのか、と不信感、不安感を抱き始めた。まさにそのとおりである。市民社会へと中産階級は脱皮を始めた。

私は国家目標として、あくまで、資本家のための資本主義を排して「修正資本主義」を目指したい。それと同時に「社会を支え、弱者の側につく市民階級」へと、この国の中間層が前進することを念じてやまない。

以上の国家目標の検証をとおしての結論は、現在の日本国憲法こそ、二一世紀日本のあるべきかたちを支える最大の力でこそあれ、毫も改正の要なきことは明らかであろう。

新しい国民経済とは

国家目標を以上のように述べたが、経済大国を実現しえた日本はもはや「成長の呪縛」から解放されて新しい道に踏み出すべきだとの私の意見については、いま少し付け加えねばならぬだろう。

それは「経済」を見る目、「経済」を測る尺度についてである。経済を成長率、GDPの増加率で評価していた時代の日本と、これからの日本の目指すべきこの国のかたちとの違いについてである。

これからの課題はどんな社会を目指すかであり、そのためにはどんな経済政策をとらねばならぬか、言わば、経済は国民生活に従属するとの視点が必要なのである。あの焦土と化した日本では何よりも経済の立て直し、成長こそが、国民生活を守るための唯一の方法であった。まず経済を成長させ、その成果によってしか国民生活を守ることが出来なかった。しかし現在の日本経済の規模、水準は戦後の状態とは全く違う。一人当たりのGDP

も西欧先進国を超えているのである。アメリカをも超えているのである。

イギリス人とフランス人とドイツ人、それにアメリカ人の比較をして、どこの国の国民が最も幸せか、どこの国の国民を羨ましく思うかと問われた場合、GDPや一人当たりGDPを物差しにして答えるだろうか。日本も今や、それらと肩を並べているのである。なぜ、成長率にこだわるのか。ゼロ成長では明日から生活が激変するとでも思っているのか。日本のGDPの統計には、自動車産業など主要な産業も含まれているが、ほぼ自動車産業なみの規模と言われたパチンコ産業や、カラオケ産業も含まれているのだ。もちろんパチンコ好きの人がいてもいいし、カラオケで憂さを晴らして生活に彩りを添えていっこうさしつかえはない。しかしパチンコ産業の成長が、成長率に影響を与えるからと言って、そのことに気をもむ必要があるだろうか。資産一〇〇億円以上の金持のいるアメリカのような国の経済は立派だと思うだろうか。私は違うと思う。今日の食事を心配する人が一人もいない国、明日の病気を心配しないですむ国、老後の生活の不安を持たなくてすむ国、みなが活き活きと働いていける国、失業の苦労をいつまでも続けなくてよい国、子供たちの元気な声が聞こえる町、活気のあるお店の並んでいる通り、つまり、安心と信頼と調和で人々が共存を実感できる国、それを支える経済力と国民のエネルギーと倫理感のある国こそ明日の日本の姿であってほしい。今の日本の経済力はその道を歩みうることを確信してほしい。いや、さらに世界の貧困、飢饉、疾病の絶滅のためにも、この国の経済力を役立てることが出来るし、またそのように努力すべきだ。

こんな経済力を持ちながら、なぜ国民は社会福祉の切下げに脅え、将来に希望を失い、正規の就職を諦め、生活苦から三万人に及ぶ自殺者、親殺し、子殺しのニュースを毎日のように聞かされ、子供の教育についても、塾にやっていないことに頭を悩ませ、有名校に入れなければ将来のないこと、収入の格差がそのまま子供の人生の格差になるのではないかと、憤りとも諦めともつかぬ焦燥に駆られるような社会をいつまでもつづけなくてはならないのか。

経済の成長率を国家発展の尺度とし、そのためには時流に乗った産業、大企業、グローバル企業の成長、さらなる成長を支えることが最大の国家政策と考えるいまの主流政治家、経済リーダーは一体何を見ているのだろう。

経済団体の政策提言の第一番目に、法人税の引下げ、所得税の最高税率の引下げを要請する姿を見ると、同じ財界人として穴に入りたい恥しさを覚える。

企業のイノベーションとは、利益の極大化を実現することではない。最良の商品を作り、最適のマーケットを見つけ、顧客に最大の満足を与えうるような経営体のあり方を追求することであり、経営者と従業員が力を合わせて追求すべき課題である。雇用形態をメチャクチャにして出来るものではない。最近の若者がニートやフリーターになるのは本当に彼らの意思だと思っているのか。リストラを強行し、とにかく人件費を低くしたいと奇妙な競争をやって来た大企業の経営者は心の痛みを感じていないのだろうか。

「万事が金《かね》の世の中」が純粋資本主義なのか。弱肉強食、はなはだしい貧富の差、差別社会を、「努力した者が報われる社会」と呼び変えて、「アメリカン・ドリーム」を日本にもと、この国の「改革」が急進展を見せはじめたいま、私は強く警告を発せざるをえないのである。

われわれの目指すのはアメリカ型の社会ではない……と。

9条を守れば日中関係も変わる

反日デモが起こる直前の二〇〇五年三月、堤清二（辻井喬）さん、小林陽太郎さん、前日銀副総裁の藤原作弥さん、経済同友会幹事の手納美枝さんらと中国を訪れた。全人代（全国人民代表大会）が開かれていたので、日中問題全般を今後どうしていけばいいか、基本方針を論じるにはいい機会と思ったのである。

全人代の最中にもかかわらず、唐家璇国務委員と六か国協議が行なわれた釣魚台国賓館で会談することができた。唐家璇国務委員が日本の政治状況に詳しいことには驚きを隠せなかった。最近になってマスコミに登場する民主党幹部の名前をメモも見ずにすらすらと挙げ、彼らの日本国憲法に対する姿勢を質問してきたのである。このことから中国はアメリカ一辺倒の小泉政権との関係修復は難しいと判断し、次世代の政治のあり方に関心が高く、研究を重ねているという印象をもった。

唐家璇国務委員はこうも語った。

「日本人は憲法に忠実な国民だ。自衛隊は外国人を一人も殺していない。自衛隊員も殺されていない。自衛隊の艦船も北太平洋でしか運用できない仕様にしているから、きわめて憲法に忠実な活動をしている。だからこそ、自民党政権は改憲せざるをえないのだろう……」

この言葉を聞いて、憲法九条二項の旗は解釈改憲でボロボロになったが、その旗竿を日本国民が守り抜くことができれば、日中関係は新しい展開が可能になると確信した。日中関係が変われば日米関係も変わらざるをえなくなる。外交交渉で日米関係を変えるのは不可能に近いが、日中関係が変われば、日米同盟を太平洋で強化しようとするアメリカの戦略は困難になるだろう。

前述のように、私は正義の戦争を認めないという九条二項が普遍的な条項だとは考えていない。フランスではパシフィズム（平和主義）という言葉は使えない。一九三八年にダラディエとチェンバレンがヒトラーに妥協したミュンヘン宥和を想起させるし、レジスタンスやパルチザンが国を救ったからだ。ましてや抗日戦争で独立を勝ち取った中国に対しても使えない。九条二項のような理念はコスタリカ憲法をのぞけば世界に例がないのである。先進諸国に軍の放棄や交戦権を認めない憲法をつくれといっても無理だろう。日本は敗戦で軍が解体されていた時、二度と戦争を起こすまいと国民が決意したことにより、この九条二項の理念が憲法に規定された。けっして普遍性があるとは言えないし、歴史の産物だと思っている。

しかし、二〇世紀においてはそうだが、二一世紀に普遍性がないかといえば、そうではない。

いま一度どこかの先進国がヒロシマ・ナガサキのように原爆の被害を受けたら、二度と戦争はできないという理念はその国の国民の共通の理念となるのではないか。原爆の惨禍のうえに成り立った日本国憲法は説得力がある。一方、国連憲章は原爆投下以前の一九四五年六月に成立した。いま仮にパキスタンやインドに国連軍を派遣した場合、国連軍も核武装すべきかどうかの議論が沸きあがるのは必至だろう。

そうした意味で、九条二項は二〇世紀型の国家に当てはめることは容易ではないが、二一世紀型国家の理念にはなりうるのである。前述のように、ドイツのシュミット前首相も評価していたし、中東でも評判がいい。「日本国民が九条二項を手離さない」という姿勢が明確に日本国全体の意思だと中国に伝われば、中国の外交姿勢も変わるだろう。

9条がつくる21世紀日本のかたち

日本はアジアを離れて欧米につく「脱亜入欧」という形で近代化をしてきた。その過程で欧米に習った「富国強兵」の植民地政策によって朝鮮半島や台湾、中国、東南アジアの諸国を侵略し、一五年に及ぶアジア・太平洋戦争を始め、そして戦争に敗れた。

戦後の日本は「富国強兵」の「富国」に絞って復興に成功し、世界第二位の経済大国になった。にもかかわらず、経済界はさらなる「成長」「近代化」の姿勢をとりつづけ、そうした路線が一九九〇年以降の日本経済の停滞を生み出した。こうした姿勢からは「現代の課題」は見えてこない。まして憲法九条のもつ、燦然と輝く光はまったく見えない。「二〇世紀型の普通の国」を見据えている限り、現憲法は「欠陥憲法」としか映らないのである。「軍隊がない」「海外派兵できない」ことが欠陥としか思えないし、憲法九条の価値も見えないのだ。

前述した訪中の際、私は唐家璇国務委員にずばり聞いた――日本は「脱亜入欧」で近代化をし、その過程で中国に多大の被害を与えたが、その日本をもう一度アジアの仲間として受け入れてくれるのか。唐家璇国務委員は、中国はいま九条改定の成り行きを注視しており、もし日本が九条を守りぬけば、日中間の多くの問題も解決できる、と語っていた。

日本は世界第二位の経済大国だが、中国のめざましい経済成長を前に「アジアの覇権」をどう握るかが関心事となっている。それがいまの日本の偽らざる姿だろう。アメリカに追従する日本がアジアの覇権を握ろうとしても、アジアの人びとは許すはずがない。日本の国連安保理常任理事国入りをめぐって、アジアで賛成を表明したのはモルジブとブータンの二か国に過ぎなかったことからも、日本のアジアにおける立場が見えてくるのである。

国際開発センターの仕事を通して、世界にはいかに多くの飢えに苦しむ人がいるか、いかに多くの文字が読めない人がいるか、いかに多くの疾病に悩む人がいるか、しかもそれがどんどん増えつつあるかを知らされ、心の痛みを覚えぬ日はない。

一方、第二次大戦後の一人当たりＧＤＰはアジアよりもアフリカの方がまだ高かったにもかかわらず、アジア諸国のそれは今やアフリカとは比較にならぬ改善を示していることに強い関心を持っている。日本の戦争に対する深い反省は、アジアに対する贖罪の奉仕の形ではっきり受けつがれて来ていたのだ。憲法九条は生きているのだ。日本の開発支援にたずさわる人たちは現地住民と一緒に泥んこになって農業開発をして、貧しい農民の横でナイフやフォークの食事をしようとしない。一切の覇権主義から無縁である。これこそが、二一世紀の世界のあり方ではないのか。

軍事力での国際貢献しか念頭にない人に知ってもらいたい。また、まだまだ先の大戦の被害を許せない反日、嫌日を叫ぶ人にも知ってもらいたい。

もちろんODAは国民の税金を使ってなされるのだから、〝国益〟を考えての国際支援、国際貢献なのだ。しかし、憲法九条を持っている日本の〝国益〟は、その内容も目的も覇権国家のそれ、二〇世紀型、一九世紀型のそれとは違うのだ。二一世紀に望ましい国際貢献をすでに実践して来たのだ。

二一世紀の「国のかたち」を決める上で、日本は何よりも「平和憲法」を守り抜き、国家の理念として座標軸にすべきである。私は経済人の一人として、平和憲法をもつ日本の経済システムはどうあるべきかを明確にする必要があると考えてきた。平和憲法にふさわしい経済システムを早く確立しなければ、理念だけで終わってしまうのではないかとの危機感も強い。経済の成長主義にとらわれている限り、平和憲法を守るのはそれだけ困難になる。軍産複合体の推進、経済大国としてのアジアでの主導権争い、経済のグローバル化に伴う海外派兵への道を開くからだ。

私は敗戦直後の一九四八（昭和二三）年、たった一年間ではあったが、東京の渋谷区立上原中学校の社会科教員として教壇に立った。それから四三年を経た一九九一（平成三）年から二〇〇六年にかけて、かつての生徒たちの要請を受けて「日本の進路」と題する社会科の講義を行なった。一二回にわたる講義は、バブル崩壊後の「失われた一〇年」といわれた時期と重なる。

最終回（二〇〇六年六月）で、私は講義の総括の願いをこめて〝戦争・人間・そして憲法九条〟という題で話をした。

戦争を起こすのも人間ならば、それを許さず止める努力が出来るのも人間である、との私の信条を語り、戦争は価値観を引っくり返す、〝勝つため〟には、自由、人権はもちろん〝いのち〟さえ犠牲にする。同時に〝勝つため〟には全てを動員する。

今、アメリカは戦争国家であり、日米同盟を軍事同盟として動員しようとしている。憲法九条が邪魔になる。その九条を廃止しようとしている。それが九条をめぐる現状だ。日本の将来は九条を国民が守り切れるかどうかに大きく左右される。かつての生徒たちは七二歳になる。政治家、行政官、財界人、医師などとして立派な実績を残した人たちだ。

しかし私自身は昔の新制中学の社会科教師に戻っていた。戦争で肉親を亡くし、焼跡に住む生徒の顔で皆は聞いていた。啜り泣く人もいた。この生徒たちに六〇年前に残した言葉は〝戦争のない国〟で生きて行くしあわせであった。

六〇年後の最終講義では〝二度と戦争をしない国〟を守ってほしいであった。

V　日本とアメリカの価値観は違う——脱アメリカ型国家へ

アメリカは武力で解決を図る国

「なぜ九条改定に反対するのか」からはじめて「経済界の九条改定の動き」を訊し、「中国大陸最前線へ」「アメリカの軍事行動に従う日本」を述べ、「九条がつくる二一世紀日本のかたち」で一応、私の考えを述べて来たつもりであるが、読者と私の間にはまだ薄い幕が隔てているような感じが残り、これで筆をおくことに躊躇《ためら》われてならない。何が言い足りないのか、どう説明すれば私としてすっきりするのか。

ここに新たに一章をつけ加えて、もう一度この問題の核心を新たな視点から考える必要を感じたしだいである。

それは一言で言えば「日本とアメリカは価値観を共有していない」と言うことである。小泉総理は何かと言えば「日本とアメリカは価値観を共有している」と言い、「アメリカの敵は日本の敵だ」と言い、多くの国民もそれを疑わず、マスコミもそれを自明のことした上で、日米安保を論じ、イラク戦争を論じ、基地問題を論じ、時にはアメリカを批判したり、対米従属政策の行き過ぎを批判することがあっても、それは「アメリカと日本の価値観は同じ」を前提にしている限り、むしろ本質的な問題から国民の目を逸らさせる役割を演じているとしか思えない。

私はけっして反米主義を唱えているのではない。一九世紀、二〇世紀を通じて、アメリカは民主主義において世界の模範的な立場を示しつづけ、また、人権、自由に関しても、つねに世界をリードして来たことは、私もこれを認めるのに吝《やぶさ》かではない。

しかし何度もくり返し説明した通り、アメリカは絶えず戦争の構えを崩さない国であり、絶えず武力で解決を図ろうとする国であり、現にイラクで戦争している国である。

一方、日本は平和憲法を持つ国であり、絶対に戦争をしないことを国是としている国である。当然のこととして、国家のあり方も、国家の目標も、国益の内容も、国益追及の仕方も全く違うのである。価値観が違って当然である。

なぜそれをはっきりさせないのか？　日米安全保障条約があるからなのか、アメリカの核の傘に入っているからなのか、共同の敵があると思っているからなのか？

安全保障条約に関しては、東西冷戦という緊張した国際情勢下、占領から独立へのプロセスにおいて、結ばざるをえなかったから結んだのではなかったか。私はその決断は当時としてはやむをえない選択であり、沖縄の切捨てなど幾多の良心の呵責を感じつつも、これを承認するものである。

しかし、アメリカと日本の価値観が一緒だから、日米安全保障条約が存在する、と考えれば、日本のこの条約に対する姿勢は全く逆転してしまう。この条約を日本の安全保障に極力限定しようとする姿勢とは全く逆に、出来るだけ条約の及ぶ範囲を拡げ、地域を拡げ、効力を強め、ついには日米軍事同盟、アメリカの世界戦略の要に近いものに変質することを許容する、あるいは促進する役割を担うことになるのだ。日本の国土の安全保障よりも、アメリカの前進基地を自ら買って出る格好になるのだ。

日米軍事同盟となる恐ろしさ

沖縄戦ほど痛ましい戦争はなかった。

米軍占領下に置かれたままで、本土の独立が実現した時の沖縄の人びとの身を焦がすような本土復帰の願いを私たちはけっして忘れられないはずだ。

本土復帰後も、米軍基地の七五パーセントも引受けて来た沖縄の人びとの苦しみは想像を絶する。

そして、いま沖縄は、アメリカの前進基地として、アメリカの「敵」と呼ばれる人びとからは「悪魔の島」と呼ばれようとしている。この悲劇に私たちは鈍感でありうるのか。

東京では、アメリカを、国際政治・経済の視点でしか見ていない。しかし沖縄の人たち、本土の基地周辺の人たち、そして広島・長崎の人たちは、アメリカそのものを肌で感じている、知っている。彼らはアメリカと日本は価値観が同じだとは、口が裂けても言わないだろう。先にマスコミも呪縛から逃れていないと言ったが、沖縄の地方紙は二紙とも沖縄の人々の思いを基調に置いている、さすがだ。

核の傘の問題は、先に述べた日米安全保障条約の延長線上にあるとともに、アメリカから見たアメリカの軍事力の縄張りの中にあるということを意味している。その点ではNATO諸国もこの傘の内であり、カナダを始め北中南米諸国もこの傘の内である。しかし価値観と言うことから言えば、これほど対極にあるものはない。世界で唯一の原爆被爆国と世界で唯一の原爆投下国の日米両国が、こと核に関して同じ価値観を持てるはずはない。ただ、核不拡散をめぐっての外交努力は、表面では足並みを揃えつつも、日本はあくまで核廃絶を目指しており、アメリカは独占、もしくは絶対的優位、さらにはイスラエル、インドのような親米国には平気でダブルスタンダードを使っている。核の力で核開発を抑える……この奇妙なロジックは一体いつまで使えるのか。二一世紀の世界はしだいにこのロジックを許せないと考えはじめている。

日米共同の敵とは一体どこにいるのか。米ソ二大国の相対峙する東西冷戦の時代、たしかに日本は西側陣営に属していた。しかし中ソ対立もあって、米ソ間の対立の主戦場はヨーロッパと措定され、アジアとくに日本に対してソ連が攻撃を仕掛けることを予想する者は世界中で誰一人もいなかった。例外は日本の再軍備論者に限られた。

ソ連の自己崩壊により米ソ冷戦体制から解放された今日でも、世界はけっして平和を回復したとは言えない。政治体制の違い、民族、部族の対立、宗教の違い、あるいは領土領海、過去の侵略、被侵略の歴史等々、至る所に紛争の種は撒かれている。しかし紛争の解決にけっして武力を使わないと決意している日本に「敵国」はありうるのか。「敵国」でもない国が、日本の破滅を意図し、攻撃を仕掛けるような事態が起こりうるのか。

一部の軍事専門家、軍事評論家が、世界各国の軍事力、とくに近隣諸国の軍事動向を分析し評価することは、専門の仕事として当然であるし、いっこうさしつかえない。しかし敵国視することを国民に嗾《そその》かすことは許されない。国民は専ら外交を信頼し、国際社会を信頼し、この国の本当の力を信頼し、「敵」を作ることはこの国民に対する「裏切り」だと信じているのだ。

アメリカを見てみよう。アメリカは紛争を戦争にすることを躊躇《ためら》わない。いや、アメリカの正義のための戦争が、今や「戦争が正義」とさえ唱えられている。はっきりと打倒すべき国々の名を挙げ、戦争に持っていくための口実を探す。相手国政府の打倒を狙うが、その戦争を通じて、相手国の国民をも敵視する。その結果、戦争に勝っても戦争は終わらない。アメリカ本土はテロに備えて市民の自由と人権の制限が日常茶飯事になった。

小泉首相は、無条件にアメリカを支持し、アメリカの戦争を支援し、アメリカの敵は即ち日本の敵だとさえ口走る始末だ。この文脈で見る限り、今進められている米軍と自衛隊の一体化や集団的自衛権の憲法解釈の見直し論議はまことに危険な話だ。アメリカが敵視し、アメリカを敵視する国、あるいは国民は世界中に散在する。日米安全保障条約が日米軍事同盟となったら、この国は一体どんな未来を迎えるのか、まことに空恐ろしい……。これでも「日本とアメリカは価値を共有している」と言いつづける心算なのか？

日本型資本主義を壊すアメリカ

目を経済に転じよう。この世界でも「日本とアメリカは価値観を共有している」という呪縛に捕われていることにより、世界で二位の経済大国でありながら、国民は不安、不信、格差拡大に不満を抱き、未来の展望を失ってしまった。

今や死語になってしまったが、日本の経済社会の根幹は「修正資本主義」であったし、またそれでよかったのだ。

資本家のための経済大国を目指したのではなかったのだ。経済成長の成果は皆で分け合い、資本家が一人占めするようなことを許さなかった。成長に伴い産業間の盛衰は避けられないし、都市と農村の乖離も拡大するものの、それを何とか際立たさないように税制、財政を通じて再配分に努力して来た。農業人口が国民総人口の五割を超えていたのが、三～五パーセントに激変するような社会の大変動を経験しながらも、何とか社会の亀裂を防いで来た。崩壊した農村コミュニティの果たしていた役割は、都市の企業が擬似コミュニティの形でこれを引継ぎ、若い青少年を熟練工にまで育て上げたり、夜学に通わせることが常識であった。労働組合は現場の声、産業のあるべき姿を、経営に反映すべく力を発揮しつづけた。終身雇用が常態であったことが企業別組合を当然視し、その代わり、成長による付加価値の増加に関しては「春闘」と呼ばれた世界的にも珍しい大仕掛けな労資の交渉形態をつづけて来た。

老後の保障を年金の充実で、病気の不安には健康保険の国民皆保険制の実現を図って来た。

日本の経済的地位は群を抜いて高まり、すでに七〇年代の終わりにはＧＤＰで世界二位、国民一人当たりのＧＤＰは世界で一位となっていたのだ。

しかしこの日本の成長を支えた条件は急変というより逆転した。

経済成長の原動力たる「新たに優秀な労働力の増加」は、戦後の数百万に及ぶ復員軍人の産業復帰は別としても「集団就職」「金の卵」と呼ばれた新卒中高生の大量導入で賄われて来たが、今や少子化にどう対応するかで悩む時代に入った。

貿易立国による日本の成長は、東西冷戦下、西側陣営の兵站基地として認められている間は順風満帆の勢いで、この国がいかに生産を増やし、輸出を増やそうと、どこの国からも文句はなかった。この条件も冷戦終結とともに消失した。クリントン大統領の「ソ連の崩壊後の世界で、アメリカを脅かすのは日本の経済力……」の言葉が端的にこれを示している。日米の経済摩擦が表面化して来た。日米経済構造会議が毎年激しく行なわれ、秘かに年次改革要望書の形で日本の修正資本主義をアングロサクソン型の資本主義に抜本的に移行させようとのアメリカの要求を露骨に書き並べて来た。

日本も時代の変化、成長条件の変化にけっして目を瞑《つむ》っていたわけではない。これまでの政策をそのまま続けていけると多寡《たか》をくくっていたわけではない。むしろ路線の変更、一国成長主義を国際協調、国際貢献に向かってどう舵を切り代えるかに腐心を重ねた。それが「前川リポート」であり、「平岩レポート」として提起されたこともあった。

雇用形態を壊した「改革」ライン

しかし三〇余年、ひたすら経済の拡大、成長を追いつづけて来た日本経済は同時に、巨大なバブルのマグマを抱えていた。それが噴出し、崩壊した。崩壊は土地から始まり、株価に及び、各企業のバランスシートを崩し、最後はその損失はほとんど金融機関が被ることになった。八〇年代の終わりの年、世界の銀行ランクで一位から七位までを日本の銀行が占めていたのに、九〇年代の終わりの年には、全都市銀行は公的資金の導入がなければ破綻の道しか残されていない状況に陥った。二〇余行あった都市銀行は現在三行に集約されたのである。同時に企業は従業員に損失を転嫁した。賃金を切下げ、雇用形態をめちゃくちゃに壊してしまった。

バブルの決着をこういう形でつけたのは、このあと述べる小泉・竹中の「改革」ラインである。

いずれにしても二〇世紀の最後の一〇年は、この国にとって、方向を見失い、閉塞感に苦しんだ一〇年であった。細川、羽田の短命内閣を除き、自民党は連立の相手をクルクル取り替えながらも政権党の立場を維持していたが、小選挙区制度の導入を通じて、政権を担う保守グループ対政権交替を狙う保守グループの二大保守政党制に政界は再編され、保守対革新という政治的選択の結果の反映とはけっして言いえない国会の勢力図を現出してしまった。憲法改定阻止に必要な国会議員の三分の一の勢力を社民党、共産党など護憲派が占めていた時代は去ったのである。しかし軸足を地域に置いた形で、護憲運動、平和活動、福祉活動等々の住民運動が各地で活発になり、住民投票にしだいにその成果を示していることは注目すべきであろう。

小泉総理はこのような国民の閉塞感を背景に出現した。従来の国家目標の何を残し、何を改革するか、どんな未来をこの国は持つのが良いかというビジョンは一切語らず、ただ「改革」を叫びつづけ、改革の先頭をつねに歩む男のポーズをとりつづけた。これがマスメディアを通してお茶の間の人気を得て、終始その姿勢を変えることなく、二一世紀初頭のこの国を引張って来た。その手法は、一体これで民主政治と呼べるのかと思えるほど乱暴であり、政敵に対しては一切仮借なしに追いこみ、国の為政者としては、ヒトラーを思い出させるに十分であった。ただ小泉総理には一種の美学的な身の処し方が備っていたことは国民にとって幸いであった。自民党総裁五年の任期で去った。

彼には政治があっても政策がなかった。自信があっても哲学がなかった。破壊はあっても創造はなかった。

政策は全て彼の信念に近い一部の政治家、役人、学者、そして財界のリーダーたちに丸投げした。すなわち「アメリカと日本は価値観を共有している」と考え、アメリカ発のグローバリズムを「世界の目指すべき体制」と信じ、アメリカの戦争指導勢力の中心の信条、いわゆるネオコンの信条と最も近い人達に政策の遂行を任せたのである。

誰のための資本市場の自由化か

次に彼らの政策の主要なものを見てみよう。

一は「市場原理主義」とも言える市場重視政策である。この国が資本主義市場経済を根幹に置いていることは誰も否定しない。しかし、市場に国民の福祉、医療、教育や、国土の環境保全などを守り、改善する力学が果たして期待できるのか。私は「戦争を起こすのも人間ならば、それを許さず、それを阻止しようと努力の出来るのも人間だ」と言いつづけて来た。国民の福祉、教育、国土の環境保全は〝人間〟の努力の結晶でこそあれ、「市場」に委《ゆだ》ねてすますものではないと固く信じている。

また「市場原理主義者」は、市場の変質に気づいていない。あるいは気づいていて、それに悪乗りしようとしている。

いまや市場を動かしている金《かね》は、生産のための資本、「資本と労働」と呼ばれた時代の金《かね》ではない。ただ利益を求めて動き回っている金《かね》である。アダム・スミスの時代ではない。企業は、市場との調和を無視してはならないだろう。しかし同時に社会との調和が企業の存在理由であることは、この国の企業経営者の心に深く刻みこまれたＤＮＡであり、また、日本資本主義の背骨であった。株価に一喜一憂する前に、従業員、顧客、取引先、取引銀行、そして株主、全てのステークホルダーからの信頼こそがエクセラント・カンパニーのエクセラント経営者であった。

株式会社は企業内容、業績の徹底的な開示が求められている。市場との調和、社会との調和を目的とする以上、そのことは当然であろう。しかし、その会社の株式を取得しようとする株主——一般株主は別として——投資ファンド等の匿名性を問題にしないのは何故か？　資本市場の自由化とは、一体誰のため、何のために進められつつあるのか。

国民の家計部門を狙った国家財政

次に「規制緩和」という改革政策のスローガンについて考えてみたい。戦時の総動員計画下の統制経済の名残りのような形で、日本の資本主義は多くの規制を抱えていたが、そのうちで社会的規制については存廃を慎重に吟味する一方、経済的規制については可能な限り廃止していくという当初の総論に関しては、けっして誤った考えではなかった。

しかし「改革なければ成長」なしと、成長を目的とする規制緩和を追及するようになってからは、視点は大企業、大資本に移り、小企業、地方資本の切捨てにつながっていった。

そもそも規制緩和とは権力からの自由を意味するものであるにもかかわらず、大企業に視点を置くならば、全く逆に、大企業の権力への自由になってしまったのである。

全てを自由競争下で効率のみを評価して成長を図る……これで中小企業や地域企業がどう生きのびていけるのか。全く強者の論理そのものと言わざるをえない。

もう一つの小泉改革のスローガン、「大きな政府から小さな政府へ」あるいは「官から民へ」はどうだろう。

日本は他の先進諸国と比べてけっして「大きな政府」の国ではない。軍事大国こそ大きな政府と呼ぶべきだろう。ＧＤＰに占める社会保障費の割合は、先進国では、アメリカと並んで低い。にもかかわらず国家財政、自治体財政は、他の国と比較できないほどの赤字を抱えている。この莫大な赤字財政の原因が全て官僚、公務員の人件費、管理費にあるがごとく国民に思わそうとして作られたスローガンが「大きな政府……」である。

国家財政の赤字の真因は何か？

一つはバブル崩壊による企業社会の受けた打撃を、国民の家計部門に負担させようとして、政府があとさきを考えず国民から借金をしまくったことである。わずか一パーセントのＧＤＰを嵩上《かさ》げするために一〇〇兆円近い財政を投入した。「俺は世界一の借金王だ」と自嘲した総理もいた。国民の個人家計部門の岩盤の強さによりかかって国家財政の節度を失った罪は大きい。

財政の節度を取り戻すための方策もまた個人家計部門に狙いをつけている。曰く消費税の税率アップ、曰く国民年金の支給切下げ、曰く国民健康保険の改悪、曰く地方自治体への公付金、補助金の削減。

これで国民が将来の不安、不満、不信を抱かないと思っているとしたら、よほどどうかしている。その鉾先《ほこさき》をかわそうと公務員の給与削減を声高に叫んでいるのだ。

しかし国家財政のあり方をもっと深いところまで考えて欲しい。世界第二位の経済大国日本の経済規模を、さらに成長させ、さらに大きくしようとするには、政府がいくら財政資金を投入すればいいのか、おそらく一般歳入の全てを投じても、企業の覇権を求める欲望を満たすことは不可能に近い。国家財政が企業社会に奉仕し、それによって国家経済の成長を促進し、その成果を通じて国民の豊かさを実現し、国民の幸福を達成するという図式はもはや成立しない。企業社会への奉仕は国民からの収奪を通してしかありえない構図こそ現在の日本の現実なのだ。

覇権型資本主義と一線を画す

さきに述べた通り、この国は営々として経済大国実現のために努力を重ね、同時に格差拡大を防ごうと政官財が力を合わせて来たではないか。いったい、何のためにこの国の資本主義経済の形を変えようとするのか。アメリカ型資本主義を移植出来ると思っているのか。一握りの「勝ち組」をさらに大きく勝たすためなのか。資本家の支配する経済社会を真正の資本主義と考えているのか。

アングロサクソン型資本主義は、パクス・ブリタニカ、パクス・アメリカーナを実現した資本主義だ。市場重視、自由主義、個人主義として資本主義の有力なモデルであることは間違いない。しかし同時に覇権主義的資本主義でもある。

日本は、日本経済は、世界の覇権を争うタイプではないはずだ。平和憲法を持つ国は、それに適わしい経済スタイルを作り出さねばならない。日本の経済力はそれなりに大きく強い。経済力の行使を誤てば世界経済の攪乱要因になるほど強い。それだけに覇権型の資本主義とははっきり一線を画さねばならぬ。

グローバリゼーションが声高に叫ばれている。一見それには抗し難い感がある。それもそのはずだ。これはアメリカの戦略そのものであり、アメリカはこれを軍事力、経済力、情報通信力の全てを動員して支えているのである。アメリカ型資本主義の骨格は軍産複合体だ。日本の経済は軍産複合体を形成せずに経済大国を実現した最高のモデルだ。経済人としての私の誇りだ。いったい、どこに、この形を変える必要があるのか。誰のために変えようとしているのか。それはアメリカの要求に応えるためとしか答えようがあるまい。強いて探れば、軍産複合体として日本の政治、経済を動かしたいと思っている超大企業、大メーカーのいわゆる「勝ち組」に行きつくだろう。しかしそのためには「軍」がなければならず、常に「戦争」の構えが必要だ。憲法九条二項の改訂＝廃止が必要だ。グローバリズムの攻撃を受けている最中に「普通の国」を唱えることが、何を意味するかをとくと考えて欲しいものだ。

経済の面でも、日本とアメリカはこんなに価値観が違うのだ。憲法九条を持っている国、戦争は絶対にしないことを国是にしている国は、不断に戦争を準備し、現に戦争をしている国と、国家のあり方、国益の内容、その追求の仕方もこれほど違うのだ。

なぜ、堂々と「日本とアメリカの価値観は違う」と言い切ってしまわないのか。なぜ、国家の意思までアメリカに従属させようとするのか。

第Ⅳ章で述べた通り、憲法九条の旗はボロボロに破れてしまった。しかし国民はけっして旗竿を離さない。いま、その旗竿をもぎ離そうとの力がアメリカから、そしてアメリカと価値観を共有していると考え、あるいは考えたフリをしているこの国の政財界の指導者、改憲勢力から強烈に加えられている。

いかに強引にことを運ぼうとしても、ことは「憲法」だ。国民投票が控えている。この国民投票で九条改悪に国民が「ＮＯ」と答えれば、いっきに決着がつく。日本の未来が明らかになる。アジアの将来に希望が湧く。そして日米関係は変わり、アメリカの世界戦略が変わる。

私はこの世界史的な変革に日本国民の一人として立ち合えたことを生涯の誇りと思う。いい死場所を得たと心の中で快哉を叫んでいる。

最後に、この国のマスコミに訴えたい。

この国の価値観を明確にして欲しい。そして、その座標軸を中心に、世界を、アジアを、日本の政治を、日本の経済を論じてほしい。今や国民の出番が来ているのだから……。

あとがき

私は大正一三年生まれ、八二歳になる。

大日本帝国憲法の下で二二年、日本国憲法の下で六〇年を生きてきた。まさに一身にして二生をすごしえた人間である。

大日本帝国憲法の時代、私の小学校入学の年は柳条湖事件を契機に満州事変が始まり、以後、戦争は一五年つづいた。すなわち中学入学の年の一九三七年は日支事変勃発の年。中学五年の一九四一年に太平洋戦争が始まり、旧制三高二年の一九四四年に応召して中国戦線に送られ、一九四五年に敗戦。一九四六年、内地帰還、そしてその年、日本国憲法が公布されたのである。

戦時中とはいえ、私は読書少年であり、読書青年であった。中学生の頃は手あたりしだいに文学書を乱読し、高校では哲学に身を入れた。同時に道場に通って剣道の稽古にも励んだ。

はっきりと戦争を認識し、国家と国民のあるべき姿を求めて苦悩する思想形成期を迎えていた。結論を得ないままに大日本帝国のため生命をかけて、最前線で闘い、敵弾を身に受けながらも生き残り、敗戦を迎え、翌年、内地に帰還しえたのである。兵士の目で戦争を見る。飢餓の目で食を見る。あの大日本帝国ではなく、この平和憲法を持つ日本国を愛し抜こうとの私の座標軸は、この戦争体験を通じて得たものであり、私の人生のその後を支えた。何よりも、「戦争を起こすのも人間ならば、戦争を許さず、それを止める努力の出来るのも人間だ」との信条は、戦争の歴史を語るとき学ぶときのみならず、政治のありかた、経済のありかたを考えるときにも片時も私の心から離れたことはない。

私は過去に一度も党派的な活動に加わったことはない。保守・革新を問わず、どの党の人たちとも友人として心を開いて語り合える人がいる。しかし一度も私の座標軸、私の信条を隠すようなこともしたことはない。政治の世界にナイーブだったと言えるかもしれない。

私は二〇代から三〇代にかけて労働組合活動に専念していたこともある。六〇年安保闘争では先頭に立って活動した。四〇代以降は損保会社の経営に専心し、経営トップとしての任も果たした。さらに経済同友会を通じて財界活動にも加わり政・財・官のあり方を広く眺める位置にいたこともある。その間、人並みに喜怒哀楽を味わい、また数多くの過ちも犯してきたに違いない。しかし、私の戦争体験で身につけた座標軸と信条は一度たりとも揺るがなかった。この国は二度と戦争をしてはならない。あの戦争の悲劇をくり返してはならない。中国を始めアジア各国に対する贖罪の念を忘れてはならない。この思いを込めた日本国憲法九条は何としても守らねばならない。

ところが、いま目の前にくり広げられる状況は、戦争を唆《そその》かす言論であり、戦争の予兆のような政治の動きであり、そして、憲法を「改正」して戦争の出来る国にしようとする策謀である。私には黙って見すごすことは出来ない。何とかこの動きを停めなくてはならない。叫ぶだけでは戦争は停められない。私の持てる力を振りしぼってでも、この国の形を変えようとする力に抗しなければならない。体力の衰えは百も承知の上で、全国を行脚説法をする。そしてその合間に、これも知力の衰えを痛感しつつ、この状況の根元を暴こうと努めてこの原稿を書き、出版にまで漕ぎつけたのである。

筆の運びは拙《つた》ないし、論考の脈絡にも幾多の錯綜を免れてはいまい。しかし、これを出版してやろうと言われた青灯社の辻一三氏の激励を受け、かつ誠実な古木杜恵氏の適確な助言と協力を得て、あえて著書の形で世に出すことにした。
戦争を知らない人が一人でも多くこの本を手にされ、戦争の本質を知り、戦争の出来る国に変えようとする動きの正体を知り、憲法九条の意義を知り、憲法改悪に反対していただければ著者の思いはこれにすぐるものはない。

品川正治

二〇〇六年夏

協力　古木杜恵
カバーオビ写真提供　毎日新聞社

品川正治（しながわ・まさじ）現在、財団法人国際開発センター会長、経済同友会終身幹事。一九二四年、兵庫県生まれ。四四年、徴兵で中国戦線へ。戦闘のため今なお散弾の破片を体に残している。東京大学法学部政治学科卒業。日本火災海上保険（現日本興亜損保）社長、会長、経済同友会副代表幹事・専務理事を歴任。高潔な人柄と教養で経済界のご意見番として知られ、保守・革新を問わず人望が篤い。著書『戦争のほんとうの恐さを知る財界人の直言』『これからの日本の座標軸』他

9条がつくる脱アメリカ型国家
――財界リーダーの提言

2006年10月15日　第1刷発行
2010年5月25日　第5刷発行

著者　品川正治

発行者　辻一三

発行所　株式会社青灯社
東京都新宿区新宿1－4－13
郵便番号160-0022
電話03-5368-6923（編集）
　　03-5368-6550（販売）
URL http://www.seitosha-p.co.jp
振替　00120-8-260856

印刷・製本　株式会社シナノ
© Shinagawa Masaji, Printed in Japan
ISBN978-4-86228-007-7 C1031

小社ロゴは、田中恭吉「ろうそく」（和歌山県立近代美術館所蔵）をもとに、菊地信義氏が作成

●青灯社の本●

「二重言語国家・日本」の歴史　石川九楊
定価２２００円＋税

脳は出会いで育つ
――「脳科学と教育」入門　小泉英明
定価２０００円＋税

高齢者の喪失体験と再生　竹中星郎
定価１６００円＋税

知・情・意の神経心理学　山鳥　重
定価１８００円＋税

16歳からの〈こころ〉学
――「あなた」と「わたし」と「世界」をめぐって　高岡　健
定価１６００円＋税

「うたかたの恋」の真実
――ハプスブルク皇太子心中事件　仲　晃
定価２０００円＋税

ナチと民族原理主義　クローディア・クーンズ
滝川義人　訳
定価３８００円＋税

9条がつくる脱アメリカ型国家
――財界リーダーの提言　品川正治
定価１５００円＋税

新・学歴社会がはじまる
――分断される子どもたち　尾木直樹
定価１８００円＋税

軍産複合体のアメリカ
――戦争をやめられない理由　宮田　律
定価１８００円＋税

北朝鮮「偉大な愛」の幻
（上・下）　ブラッドレー・マーティン
朝倉和子　訳
定価各２８００円＋税

ポスト・デモクラシー
――格差拡大の政策を生む政治構造　コリン・クラウチ
山口二郎　監修
近藤隆文　訳
定価１８００円＋税

ニーチェ
――すべてを思い切るために：力への意志　貫　成人
定価１０００円＋税

フーコー
――主体という夢：生の権力　貫　成人
定価１０００円＋税

カント
――わたしはなにを望みうるのか：批判哲学　貫　成人
定価１０００円＋税

ハイデガー
――すべてのものに贈られること：存在論　貫　成人
定価１０００円＋税

日本経済　見捨てられる私たち　山家悠紀夫
定価１４００円＋税

万葉集百歌　古橋信孝／森　朝男
定価１８００円＋税

英単語イメージハンドブック　大西泰斗
ポール・マクベイ
定価１８００円＋税

変わる日本語その感性　町田　健
定価１６００円＋税

地震予報のできる時代へ
――電波地震観測者の挑戦　森谷武男
定価１７００円＋税